LA PLACE ROYALLE, OV L'AMOVREVX Extrauagant.

COMEDIE.

A PARIS,
Chez AVGVSTIN COVRBE', Imprimeur & Libraire de Monſeigneur frere du Roy, dans la petite Sale du Palais, à la Palme.

M. DC. XXXVII.

AVEC PRIVILEGE DV ROY.

A MONSIEVR ***

ONSIEVR,

I'obſerue religieuſement la loy que vous m'auez preſcrite, & vous rends mes deuoirs auec le meſme ſecret que ie traiterois vn Amour, ſi i'eſtois homme à bonne fortune. Il me ſuffit que vous ſçachiez que ie m'acquite, ſans le faire connoiſtre à tout le monde, & ſans que par cette publication ie vous mette en mauuaiſe odeur auprés d'vn ſexe, dont vous conſeruez les bonnes graces auec tant de ſoin. Le Heros de cette piece ne traitte pas bien les Dames, & taſche d'eſtablir des maximes qui leur ſont trop deſauantageuſes, pour nommer ſon protecteur ; elles s'imagineroient que vous ne pourriez l'approuuer ſans auoir grande part à ſes ſentimens, & que toute ſa Morale ſeroit pluſtoſt vn portrait de voſtre conduite, qu'vn effort de mon imagination ; Et veritablement, MONSIEVR, cette poſſeſſion de vous meſme, que vous conſeruez ſi parfaite parmy tant d'intrigues où vous ſemblez embaraſſé, en approche beaucoup. C'eſt de vous que i'ay appris que l'Amour d'vn honneſte homme doit eſtre touſiours volontaire, qu'on ne doit iamais aimer en vn point qu'on ne puiſſe n'aimer pas ; que ſi on en vient iuſque-là, c'eſt vne tyrannie dont il faut ſecouër le joug, & qu'en fin la perſonne aimée nous a beaucoup plus d'obligation de noſtre Amour, alors qu'elle eſt touſiours l'effect de noſtre choix, & de ſon merite, que quand elle vient d'vne inclination aueugle, & forcée par quelque aſcendant de naiſſance à qui nous ne pouuons reſiſter. Nous ne ſommes point redeuables à celuy de qui nous receuons vn bien-fait par contrainte, & on ne nous donne point ce qu'on ne ſçauroit nous refuſer. Mais ie vay trop auant pour vne Epiſtre; il ſembleroit que i'entreprendrois la iuſtification de mon Alidor, & ce n'eſt pas mon deſſein de meriter par cette deffenſe la haine de la plus belle moitié du monde, & qui domine ſi puiſſamment ſur les volontez de l'autre. Vn Poëte n'eſt iamais garand des fantaiſies qu'il donne à ſes Acteurs, & ſi les Dames trouuent icy quelques diſcours qui les bleſſent, ie les ſupplie de ſe ſouuenir que i'appelle extrauagant celuy dont ils partent, & que par d'autres Poëmes i'ay aſſez releué leur gloire, & ſouſtenu leur pouuoir pour effacer les mauuaiſes idées que celuy-cy leur pourra faire conceuoir de mon eſprit. Trouuez bon que i'acheue par là, &

que ie n'adiouſte à cette priere que ie leur fais, que la proteſtation d'eſtre eternellement,

MONSIEVR,

Voſtre tres-humble, & tres-obeïſſant ſeruiteur,
CORNEILLE.

Extraict du Priuilege du Roy.

PAR grace & Priuilege du Roy, il eſt permis à Auguſtin Courbé, Marchand Libraire à Paris, d'imprimer ou faire imprimer, & expoſer en vente, vn Liure intitulé, *La Place Royalle, ou l'Amoureux extrauagant, Comedie*, par Mr CORNEILLE: Et deffences ſont faites à tous Libraires, Imprimeurs & autres, d'imprimer, ny faire imprimer ledit Liure ſans ſa permiſſion, ou de ceux qui auront droict de luy, & ce pendant le temps de vingt ans, à compter du iour que ledit Liure ſera acheué d'imprimer pour la premiere fois, à peine aux contreuenans, de quinze cens liures d'amende, confiſcation des exemplaires qui ſe trouueront contrefaits, & de tous deſpens, dommages & intereſts, ainſi qu'il eſt contenu plus au long auſdites Lettres de Priuilege. Donné à Paris le vingt-vnieſme Ianuier mil ſix cens trente-ſept.

Par le Roy en ſon Conſeil,

Signé, CONRART.

Acheué d'imprimer ce 20. Feurier 1637.

Les Exemplaires ont eſté fournis, ainſi qu'il eſt porté par le Priuilege.

Et ledit Courbé a aſſocié auec luy audit Priuilege, François Targa, ſuiuant le contract paſſé entr'eux pardeuant les Notaires du Chaſtelet de Paris.

LES ACTEVRS.

ALIDOR	Amant d'Angelique.
CLEANDRE	Amy d'Alidor.
DORASTE	Amoureux d'Angelique.
LISIS	Amoureux de Philis.
ANGELIQVE	Maiſtreſſe d'Alidor & de Doraſte.
PHILIS	Sœur de Doraſte.
POLYMAS	Domeſtique d'Alidor.
LYCANTE	Domeſtique de Doraſte.

LA SCENE EST A LA PLACE ROYALLE.

LA

LA PLACE ROYALLE OV L'AMOVREVX EXTRAVAGANT.

COMEDIE.

ACTE PREMIER.

SCENE PREMIERE.

ANGELIQVE, PHILIS.

ANGELIQVE.

TON frere eust-il encor cent fois plus de merite,
Tu reçois aujourd'huy ma derniere visite,
Si tu m'entretiens plus des feux qu'il a pour moy.

PHILIS.

Vrayment tu me prescris vne fascheuse loy,

Ie ne puis ſans forcer celles de la nature,
Dénier mon ſecours aux tourments qu'il endure,
Tu m'aimes, il ſe meurt, & tu le peux guerir,
Et ſans t'importuner je le lairrois perir!
Me défendras-tu point à la fin de le plaindre?

ANGELIQVE.

Le mal eſt bien leger d'vn feu qu'on peut éteindre.

PHILIS.

Il le deuroit du moins, mais auec tant d'appas
Le moyen qu'il te voye & ne t'adore pas?
Ses yeux ne ſouffrent point que ſon cœur ſoit de glace,
Auſsi ne pourroit-on m'y reſoudre, en ſa place,
Et tes regards ſur moy plus forts que tes mépris,
Te ſçauroient conſeruer ce que tu m'aurois pris.

ANGELIQVE.

S'il vit dans vne humeur tellement obſtinée,
Ie puis bien m'empeſcher d'en eſtre importunée,
Feindre vn peu de migraine, ou me faire celer,
C'eſt vn moyen bien court de ne luy plus parler:
Mais ce qui me déplaiſt, & qui me deſeſpere,

C'est de perdre la sœur pour éuiter le frere,
Rompre nostre commerce & fuir ton entretien,
Puis que te voir encor c'est m'exposer au sien,
Que s'il me faut quitter cette douce pratique,
Ne mets point en oubly l'amitié d'Angelique,
Seure que ses effets auront leur premier cours
Aussi-tost que ton frere éteindra ses amours.

PHILIS.

Tu vis d'vn air estrange, & presque insupportable.

ANGELIQVE.

Que toy-mesme pourtant trouuerois équitable,
Mais la raison sur toy ne sçauroit l'emporter,
Dans l'interest d'vn frere on ne peut l'écouter.

PHILIS.

Et par quelle raison negliger son martyre?

ANGELIQVE.

Vois-tu, i'ayme Alidor, & cela c'est tout dire;
Le reste des mortels pourroit m'offrir des vœux,

Ie ſuis aueugle, ſourde, inſenſible pour eux,
La pitié de leurs maux ne peut toucher mon ame;
Que par des ſentiments dérobez à ma flame,
On ne doit point auoir des Amants par quartier,
Alidor a mon cœur & l'aura tout entier,
En aimer deux c'eſt eſtre à tous deux infidelle.

PHILIS.

Qu'Alidor ſeul te rende à tout autre cruelle!
C'eſt auoir pour le reſte vn cœur trop endurcy.

ANGELIQVE.

Pour aimer comme il faut, il faut aimer ainſi.

PHILIS.

Dans l'obſtination où ie te voy reduite
I'admire ton amour & ris de ta conduite.
Face état qui voudra de ta fidelité,
Je ne me picque point de ceſte vanité,
On a peu de plaiſirs quand vn ſeul les fait naiſtre,
Au lieu d'vn ſeruiteur c'eſt accepter vn maiſtre,
Dans les ſoins eternels de ne plaire qu'à luy
Cent plus honneſtes gens nous donnent de l'ennuy,

Il nous faut de tout point viure à sa fantaisie,
Souffrir de son humeur, craindre sa jalousie,
Et de peur que le temps ne lasche ses ferueurs,
Le combler chaque iour de nouuelles faueurs,
Nostre ame s'il s'esloigne est de dueil abbatuë,
Sa mort nous desespere, & son change nous tuë,
Et de quelque douceur que nos feux soient suiuis,
On dispose de nous sans prendre nostre aduis,
C'est rarement qu'vn pere à nos gousts s'accommode,
Et lors iuge quels fruits on a de ta methode.
Pour moy i'ayme vn chacun, & sans rien negliger
Le premier qui m'en conte a dequoy m'engager,
Ainsi tout contribuë à ma bonne fortune,
Tout le monde me plaist, & rien ne m'inportune,
De mille que je rends l'vn de l'autre jaloux,
Mon cœur n'est à pas vn en se donnant à tous,
Pas vn d'eux ne me traite auecque tyrannie,
Et mon humeur égale à mon gré les manie,
Ie ne fais à pas vn tenir lieu de mignon,
Et c'est à qui l'aura dessus son compagnon;
Ainsi tous à l'enuy s'efforcent à me plaire,
Tous viuent d'esperance, & briguent leur salaire,
L'éloignement d'aucun ne sçauroit m'affliger,
Mille encore presents m'empeschent d'y songer,
Ie n'en crains point la mort, je n'é crains point le chãge,
Vn monde m'en console aussi-tost, ou m'en vange;

Le moyen que de tant, & de ſi differents
Quelqu'vn n'ait aſſez d'heur pour plaire à mes parents?
Et ſi leur choix fantaſque vn incognu m'allie,
Ne croy pas que pourtant j'entre en melancholie,
Il aura quelques traits de tant que je cheris,
Et je puis auec joye accepter tous maris.

ANGELIQVE.

Voila fort plaiſamment tailler cette matiere,
Et donner à ta langue vne longue carriere,
Ce grand flux de raiſons dont tu viens m'attaquer,
Eſt bon à faire rire, & non à pratiquer:
Simple, tu ne ſçais pas ce que c'eſt que tu blâmes,
Et ce qu'a de douceurs l'vnion de deux ames,
Tu n'éprouuas jamais de quels contentements
Se nourriſſent les feux des fidelles Amants,
Qui peut en auoir mille en eſt plus eſtimée;
Mais qui les aime tous, de pas vn n'eſt aimée,
Elle voit leur amour ſoudain ſe diſsiper,
Qui veut tout retenir laiſſe tout échapper.

PHILIS.

Défay-toy, défay-toy de ces fauſſes maximes,
Ou ſi pour leur défenſe, aueugle, tu t'animes,

Si le ſeul Alidor te plaiſt deſſous les Cieux,
Conſerue luy ton cœur, mais partage tes yeux,
De mon frere par là ſoulage vn peu les playes,
Accorde vn faux remede à des douleurs ſi vrayes,
Trompe le, je t'en prie, & ſinon par pitié,
Pour le moins par vengeance, ou par inimitié.

ANGELIQVE.

Le beau prix qu'il auroit de m'auoir tant cherie,
Si je ne le payois que d'vne tromperie!
Pour ſalaire des maux qu'il endure en m'aimant,
Il aura qu'auec luy je viuray franchement.

PHILIS.

Franchement c'eſt à dire auec mille rudeſſes,
Le meſpriſer, le fuir, & par quelques adreſſes
Qu'il taſche d'adoucir.... Quoy me quitter ainſi!
Et ſans me dire à Dieu! le ſujet?

SCENE SECONDE

DORASTE, PHILIS.

DORASTE.

Le voicy.
Ma sœur ne cherche plus vne chose trouuée
Sa fuite n'est l'effet que de mon arriuée,
Ma presence la chasse, & son muet depart,
A presque deuancé son dédaigneux regard.

PHILIS.

Iuge par là quels fruits produit mon entremise,
Ie m'acquitte des mieux de la charge commise,
Ie te fais plus parfait mille fois que tu n'es,
Ton feu ne peut aller au point ou ie le mets,
I'inuente des raisons à combatre sa haine,
Ie blasme, flate, prie, & n'y pers que ma peine,

En

En grand peril d'y perdre encor ſon amitié,
Et d'eſtre en tes malheurs auec toy de moitié.

DORASTE.

Ah! tu ris de mes maux.

PHILIS.

Que veux tu que ie face?
Ry des miens ſi jamais tu me vois en ta place,
Que ſeruiroiẽt mes pleurs? veux-tu qu'à tes tourmẽts
I'adjouſte la pitié de mes reſſentiments?
Aprés mille mépris receus de ta Maiſtreſſe
Tu n'es que trop chargé de ta ſeule triſteſſe,
Si j'y joignois la mienne elle t'accableroit,
Et de mon déplaiſir le tien redoubleroit;
Contraindre mon humeur me ſeroit vn ſupplice,
Qui me rendroit moins propre à te faire ſeruice,
Vois-tu? par tous moyens ie te veux ſoulager,
Mais i'ay bien plus d'eſprit que de m'en affliger,
Il n'eſt point de douleur ſi forte en vn courage
Qui ne perde ſa force auprés de mon viſage,
C'eſt touſiours de tes maux autant de rabbatu,
Confeſſe, ont il encor le pouuoir qu'ils ont eu?
Ne ſents tu point déja ton ame vn peu plus gaye?

DORASTE.

Tu me forces à rire en despit que i'en aye,
Je souffre tout de toy, mais à condition
D'employer tous tes soins à mon affection.

PHILIS.

Non pas tous, j'en retiens pour moy quelque partie.

DORASTE.

Il estoit grand besoin de cette repartie;
Ne ry plus, & regarde aprés tant de discours
Par où tu me pourras donner quelque secours,
Dy moy par quelle ruse il faut.

PHILIS.

Rentrons, mon frere,
Vn de mes Amants vient qui nous pourroit distraire.

SCENE TROISIEME.

CLEANDRE.

QVe ie dois bien faire pitié,
De souffrir les rigueurs d'vn sort si tyrãnique!
I'aime Alidor, j'aime Angelique,
Mais l'Amour cede à l'amitié,
Et l'on n'a jamais veu sous les loix d'vne Belle
D'Amant si malheureux, ny d'amy si fidelle.

Ma bouche ignore mes desirs,
Et de peur de se voir trahy par imprudence
Mon cœur n'a point de confidence
Auec mes yeux, ny mes souspirs,
Mes vœux pour sa beauté sont muets, & ma flame
Non plus que son objet ne sort point de mon ame.

Je feins d'aimer en d'autres lieux,
Et pour en quelque ſorte alleger mon ſuplice,
Je porte du moins mon ſeruice
A celle qu'elle aime le mieux,
Philis à qui j'en conte a beau faire la fine,
Son plus charmant appas c'eſt d'eſtre ſa voiſine.

Eſclaue d'vn œil ſi puiſſant
Iuſques là ſeulement me laiſſe aller ma chaiſne,
Trop recompensé dans ma peine
D'vn de ſes regards en paſſant:
Ie n'en veux à Philis que pour voir Angelique,
Et mon feu qui vient d'elle, auprés d'elle s'explique.

Amy mieux aimé mille fois,
Faut il pour m'accabler de douleurs infinies
Que nos volontés ſoient vnies
Iuſques à faire vn meſme choix?
Vien quereller mon cœur, puiſqu'en ſon peu d'eſpace
Ta Maiſtreſſe aprés toy peut trouuer quelque place.

Mais pluſtoſt voy te preferer
A celle que le tien prefere à tout le monde,
Et ton amitié ſans ſeconde
N'aura plus dequoy murmurer:
Ainſi ie veux punir ma flamme deſloyalle,
Ainſi . . .

SCENE QVATRIESME.

ALIDOR, CLEANDRE.

ALIDOR.

TE rencontrer dans la place Royalle,
Solitaire & si prés de ta douce prison,
Monstre bien que Philis n'est pas à la maison.

CLEANDRE.

Mais voir de ce costé ta démarche aduancée
Monstre bien qu'Angelique est fort dans ta pensee.

ALIDOR.

Helas! c'est mon malheur, son objet trop charmant,
Quoy que ie puisse faire y regne absolument.

CLEANDRE.

De ce pouuoir peut estre elle vse en inhumaine?

ALIDOR.

Rien moins, & c'est par là que redouble ma peine,
Ce n'est qu'en m'aimant trop qu'elle me fait mourir,
Vn moment de froideur, & je pourrois guerir,
Vne mauuaise œillade, vn peu de jalousie,
Et j'en aurois souuain passé ma fantaisie:
Mais las! elle est parfaite, & sa perfection
N'est pourtant rien auprés de son affection,
Point de refus pour moy, point d'heures inégales,
Accablé de faueurs à mon aise fatales
Par tout où son honneur peut souffrir mes plaisirs,
Ie voy qu'elle deuine & preuient mes desirs,
Et si j'ay des riuaux, sa dédaigneuse veuë
Les desespere autant que son ardeur me tuë.

CLEANDRE.

Vit-on jamais Amant de la sorte enflamé,
Qui se tint malheureux pour estre trop aimé?

ALIDOR.

Contes-tu mon eſprit entre les ordinaires?
Penſes-tu qu'il s'arreſte aux ſentiments vulgaires?
Les regles que je ſuis ont vn air tout diuers,
Ie veux que l'on ſoit libre au milieu de ſes fers.
Il ne faut point ſeruir d'objet qui nous poſſede,
Il ne faut point nourrir d'amour qui ne nous cede,
Je le hay s'il me force, & quand j'aime je veux
Que de ma volonté dépendent tous mes vœux,
Que mon feu m'obeïſſe au lieu de me contraindre,
Que je puiſſe à mon gré l'augmenter, & l'éteindre,
Et touſiours en eſtat de diſpoſer de moy,
Donner quand il me plaiſt, & retirer ma foy.
Pour viure de la ſorte Angelique eſt trop belle,
Mes penſers n'oſeroient m'entretenir que d'elle,
Je ſens de ſes regards mes plaiſirs ſe borner,
Mes pas d'autre coſté ne s'oſeroient tourner,
Et de tous mes ſoucis la liberté bannie
Fait trop voir ma foibleſſe auec ſa tyrannie;
I'ay honte de ſouffrir les maux dont je me plains,
Et d'éprouuer ſes yeux plus forts que mes deſſeins;
Mais ſans plus conſentir à de ſi rudes geſnes,
A tel prix que ce ſoit je veux rompre mes chaiſnes,

De crainte qu'vn Hymen m'en ostant le pouuoir,
Fist d'vn amour par force vn amour par deuoir.

CLEANDRE.

Crains-tu de posseder ce que ton cœur adore?

ALIDOR.

Ah! ne me parle point d'vn lien que j'abhorre,
Angelique me charme, elle est belle a jourd'huy,
Mais sa beauté peut elle autant durer que luy?
Et pour peu qu'elle dure, aucun me peut il dire
Si ie pourray l'aimer iusqu'à ce qu'elle empire?
Du temps qui change tout les reuolutions
Ne changent elles pas nos resolutions?
Estre vne humeur égale & ferme que la nostre?
Vn aage hait il pas souuent ce qu'aimoit l'autre?
Juge alors le tourment que c'est d'estre attaché,
Et de ne pouuoir rompre vn si fascheux marché.
Cependant Angelique a force de me plaire
Me flatte doucement de l'espoir du contraire,
Et si d'autre façon ie ne me sçais garder,
Ses appas sont bien tost pour me persuader.
Mais puisque son amour me donne tant de peine,
Ie la veux offenser pour acquerir sa haine,

Et pratiquer en fin vn doux commandement
Qui prononce l'Arrest de mon bannissement,
Ce remede est cruel, mais pourtant necessaire,
Puis qu'elle me plaist trop, il me luy faut déplaire,
Tant que j'auray chez elle encore quelque accés,
Mes desseins de guerir n'auront point de succés.

CLEANDRE.

Etrange humeur d'Amant!

ALIDOR.

Etrange, mais vtile,
Je me procure vn mal pour en euiter mille.

CLEANDRE.

Tu ne preuois donc pas ce qui t'attend de maux,
Quand vn riual aura le fruit de tes trauaux:
Pour se vanger de toy, cette belle offensée
Sous le joug d'vn mary sera bien tost passée,
Et lors, que de soupirs, & de pleurs épandus,
Ne te rendront aucun de tant de biens perdus!

ALIDOR.

Mais dy, que pour rentrer dans mon indifference
Je perdray mon amour auec mon esperance,
Et qu'y trouuant alors sujet d'auersion,
Ma liberté naistra de ma punition.

CLEANDRE.

Aprés cette asseurance, amy, je me declare,
Amoureux dés long temps d'vne Beauté si rare,
Toy seul de la seruir me pouuois empescher,
Et je n'aimois Philis que pour m'en approcher.
Souffre donc maintenant que pour mon allegeance
Ie prenne, si je puis, le temps de sa vengeance,
Que des ressentiments qu'elle aura contre toy
Ie tire vn aduantage en luy portant ma foy,
Et que dans la colere en son ame conceuë
Je puisse à mes Amours faciliter l'issuë.

ALIDOR.

Si ce joug inhumain, ce passage trompeur,
Ce supplice eternel ne te fait point de peur,
A moy ne tiendra pas que la Beauté que j'aime

Ne me quitte bien toſt pour vn autre moy-meſme,
Tu portes en bon lieu tes deſirs amoureux,
Mais ſonge que l'Hymen fait bien des malheureux.

CLEANDRE.

Pouſſons à cela prés, mais auſsi quand j'y penſe,
Peut-eſtre ſeulement le nom d'époux t'offenſe,
Et tu voudrois qu'vn autre. euſt cette qualité,
Pour aprés.....

ALIDOR.

Ie t'entens, ſois ſeur de ce coſté,
Outre que ma Maiſtreſſe, auſsi chaſte que Belle,
De la vertu parfaite eſt l'vnique modelle,
Et que le plus aimable & le plus effronté
Entreprendroit en vain ſur ſa pudicité,
Les beautés d'vne fille ont beau toucher mon ame,
Je ne la cognois plus dés l'heure qu'elle eſt femme.
De mille qu'autre-fois tu m'as veu careſſer,
En pas vne vn mary pouuoit-il l'offenſer?
I'éuite l'apparence autant comme le crime,
Ie fuis vn compliment qui ſemble illegitime,
Et le jeu m'en déplaiſt quand on fait à tous coups
Cauſer vn médiſant, & reſuer vn jaloux.

Encor que dans mon feu mon cœur ne s'interesse,
Je veux pouuoir pretendre où ma bouche l'adresse,
Et garder, si je puis, parmy ces fictions,
Vn renom aussi pur que mes intentions.
Amy, soupçon à part, auant que le jour passe,
D'Angelique pour toy gagnons la bonne grace,
Et de ce pas allons ensemble consulter
Des moyens qui pourront t'y mettre & m'en oster,
Et quelle inuention sera la plus aisée.

CLEANDRE.

Allons, ce que j'ay dit n'estoit que par risée.

ACTE II.

SCENE PREMIERE.

ANGELIQVE, POLYMAS.

ANGELIQVE, tenant vne Lettre déployée.

De cette trahison ton maistre est donc l'autheur ?

POLYMAS.

Son choix, mal à propos, m'en a fait le porteur,
Mon humeur y repugne, & quoy qu'il en auienne,
I'en fais vne, de peur de seruir à la sienne,
Et mon deuoir malpropre à de si lasches coups,
Manque aussi-tost vers luy cõme le sien vers vous.

ANGELIQVE.

Contre ce que ie voy mon fol amour s'obstine,

Qu'Alidor ait écrit cette lettre à Clarine !
Et qu'ainsi d'Angelique il se voulust ioüer !

POLYMAS.

Il n'aura pas le front de le desauouer,
Opposez-luy ses traits, battez-le de ses armes.
Pour s'en pouuoir defendre il luy faudroit des char-
mes,
Surtout cachez mon nom, & ne m'exposez pas
Aussi infaillibles coups d'vn violent trepas,
Que ie vous puisse encor trahir son artifice,
Et pour mieux vous seruir, rester à son seruice.

ANGELIQVE.

Ne crain rien de ma part, ie sçay l'inuention
De respondre aisement à ton intention.

POLYMAS.

Feignez d'auoir receu ce billet de Clarine,
Et que....

ANGELIQVE.

Ne m'instruy point, & va qu'il ne deuine.

S'il t'auoit icy veu, toute la verité
Paroistroit en dépit de ma dexterité,

POLYMAS.

C'est d'elle desormais que ie tiendray la vie.

ANGELIQVE.

As-tu de la garder encore quelque enuie?
Ne me replique plus, & va t'en.

POLYMAS.

J'obeis.

ANGELIQVE seule.

Mes feux, il est donc vray que l'on vous a trahis,
Et ceux dont Alidor paroissoit l'ame atteinte
Ne sont plus que fumée, ou n'estoient qu'vne feinte!
Que la foy des Amants est vn gage pipeur!
Que leurs sermens sont vains, & nostre espoir trompeur!
Qu'on est peu dans leur coeur pour estre dans leur bouche!
Et que malaisément on sçait ce qui les touche,
Mais voicy l'infidelle, ha! qu'il se contraint bien.

SCENE SECONDE.

ALIDOR, ANGELIQVE.

ALIDOR.

*PVis-je auoir vn moment de ton cher entretien?
Mais j'appelle vn moment de mesme qu'vne année
Passe entre deux Amãts pour moins qu'vne iournée.*

ANGELIQVE.

*Traistre, ingrat, est-ce à toy de m'aborder ainsi?
Et peux-tu bien me voir sans me crier mercy?
As-tu creu que le Ciel consentist á ma perte,
Jusqu'à souffrir encor ta lascheté couuerte?
Aprens, perfid[illegible] prens que suis hors d'erreur,
Tes yeux ne me sont plus que des objets d'horreur,
Ie ne suis plus charmée, & mon ame plus saine
N'eut jamais tant d'amour qu'elle a pour toy de haine.*

ALIDOR.

Voila me receuoir auec des compliments...

ANGELIQVE.

Bien au dessous encor de mes ressentiments.

ALIDOR.

La cause?

ANGELIQVE.

En demander la cause! ly, parjure,
Et puis accuse moy de te faire vne injure.

LETTRE SVPPOSEE d'Alidor à Clarine.

Alidor lit la Lettre entre les mains d'Angelique.

CLarine, ie suis tout à vous,
Ma liberté vous rend les armes,
Angelique n'a point de charmes
Pour me défendre de vos coups,

Ce n'est qu'vne Idole mouuante,
Ses yeux sont sans vigueur, sa bouche sans appas,
Quãd ie la crûs d'esprit ie ne la connus pas,
Et de quelques attraits que le monde vous vante,
Vous deuez mes affections
Autant à ses defauts, qu'à vos perfections.

ANGELIQVE.

Et bien, ta trahison est-elle en euidence?

ALIDOR.

Est-ce là tant dequoy?

ANGELIQVE.

Tant dequoy! l'impudence!
Aprés mille serments il me manque de foy,
Et me demande encor si c'est-là tant dequoy!
Change, si tu le veux, ie n'y perds qu'vn volage,
Mais en m'abandonnant laisse en paix mon visage,
Oublie auec ta foy ce que i'ay de defauts,
N'estably point tes feux sur le peu que ie vaux,

Fay que sans m'y mesler ton compliment s'explique,
Et ne le grossi point du mépris d'Angelique.

ALIDOR.

Deux mots de verité vous mettent bien aux champs.

ANGELIQVE.

Ciel, tu ne punis point des hommes si méchans!
Ce traistre vit encor, il me voit, il respire,
Il m'affronte, il l'auouë, il rit quand ie soupire.

ALIDOR.

Vraiment le Ciel a tort de ne vous pas donner,
Lors que vous tempestez, son foudre à gouuerner,
Il deuroit auec vous estre d'intelligence.
Le digne & grand objet d'vne haute vengeance!
Vous traittez du papier auec trop de rigueur.

Angelique deschire la Lettre & en jette les morceaux.

ANGELIQVE.

Je voudrois en pouuoir faire autant de ton cœur.

ALIDOR.

Qui ne vous flatte point puissamment vous irrite,

Pour dire franchement vostre peu de merite
Commet-on enuers vous des forfaits si nouueaux
Qu'incontinent on doiue estre mis en morceaux?
Si ce crime autrement ne sçauroit se remettre,
Cassez, cecy vous dit encor pis que ma lettre.

Il luy presente aux yeux vn miroir qu'elle porte pẽdu à sa ceinture.

ANGELIQVE.

S'il me dit mes defauts autant ou plus que toy,
Déloyal, pour le moins il n'en dit rien qu'à moy,
C'est dedans son cristal que ie les étudie,
Mais aprés il s'en taist, & moy j'y remedie,
Il m'en donne vn aduis sans me les reprocher,
Et me les découurant, il m'aide à les cacher.

ALIDOR.

Vous estes en colere, & vous dites des pointes!
Ne presumiés vous point que i'irois à mains iointes
Les yeux enflez de pleurs, & le cœur de soupirs,
Vous faire offre à genoux de mille repentirs?
Que vous estes à plaindre estant si fort deceuë!

ANGELIQVE.

Insolent, oste-toy pour iamais de ma veuë.

ALIDOR.

Me deffendre vos yeux aprés mon changement
Appellez vous cela du nom de chastiment?
Ce n'est que me bannir du lieu de mon supplice,
Et ce commandement est si plein de justice,
Qu'encore qu'Alidor ne soit plus sous vos loix
Il va vous obeir pour la derniere fois.

SCENE TROISIEME.

ANGELIQVE.

COmmandement honteux où ton obeissance
N'est qu'vn signe trop clair de mon peu depuissance,
Où ton bannissement à pour toy des appas,
Et me deuient cruel de ne te l'estre pas.
A quoy se resoudra desormais ma colere
Si ta punition te tient lieu de salaire?
Que mon pouuoir me nuit! & qu'il m'est cher vendu
Voila, voila que c'est d'auoir trop attendu,

Je deuois dés long temps te bannir par caprice,
Mon bonheur dependoit d'vne telle injustice,
Je chasse vn fugitif auec trop de raison,
Et luy donne les champs quand il rompt sa prison,
Ha que n'ayie eu des bras à suiure mon courage!
Qu'il m'eust bien autrement reparé cet outrage!
Que i'eusse retranché de ses propos railleurs!
Le traistre n'eust jamais porté son cœur ailleurs,
Puisqu'il m'estoit donné ie m'en fusse saisie,
Et sans prendre conseil que de ma jalousie,
Puisqu'vn autre portrait en efface le mien,
Cent coups auroient chassé ce voleur de mon bien.
Vains projets, vains discours, vaine & fausse allegeance,
Et mes bras & son cœur manquent à ma vangeance:
Ciel qui m'en vois donner de si justes sujets,
Donne m'en des moyens, donne m'en des objets,
Ou me doisie adresser? qui doit porter sa peine?
Qui doit à son défaut m'esprouuer inhumaine?
De mille desespoirs mon cœur est assailly,
Je suis seule punie & ie n'ay point failly.
Mais, aueugle, ie prends vne injuste querelle,
Je n'ay que trop failly d'aimer vn infidelle,
De receuoir vn traistre, vn ingrat sous ma loy,
Et trouuer du merite en qui manquoit de foy.

Ciel, encore vne fois escoute mon enuie,
Oste m'en la memoire, ou le priue de vie,
Fay que de mon esprit ie le puisse bannir,
Ou ne l'auoir que mort dedans mon souuenir.
Que ie m'anime en vain contre vn objet aimable!
Tout criminel qu'il est il me semble adorable,
Et mes souhaits qu'estouffe vn soudain repentir
En demandant sa mort n'y sçauroient consentir.
Restes impertinents d'vne flame insensée,
Ennemis de mon heur, sortez de ma pensée,
Ou si vous m'en peignez encore quelque traits,
Laissez là ses vertus, peignez moy ses forfaits.

SCENE QVATRIESME.

ANGELIQVE, PHILIS.

ANGELIQVE.

LE croirois-tu Philis? Alidor m'abandonne.

PHILIS.

Pourquoy non? ie n'y voy rien du tout qui m'estonne,

Rien qui ne ſoit poßible, & de plus fort commun,
La conſtance eſt vn bien qu'on ne voit en pas vn,
Tout ſe change icy bas, mais par tout bon remede.

ANGELIQVE.

Le Ciel n'en a point fait au mal qui me poßede.

PHILIS.

Choiſi de mes Amants ſans t'affliger ſi fort,
Et n'aprehende pas de me faire grand tort,
I'en pourrois au beſoing fournir toute la Ville
Qu'il m'en demeureroit encore plus de mille.

ANGELIQVE.

Tu me ferois mourir auec de tels propos,
Ah! laiße moy pluſtoſt ſouſpirer en repos,
Ma ſœur,

PHILIS.

Pleuſt au bon Dieu que tu vouluſſes l'eſtre.

ANGELIQVE.

Et quoy, tu ris encor! c'est bien faire paroistre....

PHILIS.

Que je ne sçaurois voir d'vn visage affligé
Ta cruauté punie, & mon frere vangé;
Aprés tout, je cognoy quelle est ta maladie,
Tu vois comme Alidor est plein de perfidie,
Mais je mets dans deux jours ma teste à l'abandon,
Au cas qu'vn repentir n'obtienne son pardon.

ANGELIQVE.

Aprés que cet ingrat me quitte pour Clarine!

PHILIS.

De le garder long temps elle n'a pas la mine,
Et j'estime si peu ces nouuelles amours,
Que je te plege encor son retour dans deux jours,
Et lors ne pense pas, quoy que tu te proposes,
Que de tes volontez deuant luy tu disposes:
Prepare tes dédains, arme-toy de rigueur,

Vne larme, vn soupir te perceront le cœur,
Et je seray rauie alors de voir vos flames
Brûler mieux que deuant, & rejoindre vos ames:
Mais j'en crains vn progrés à ta confusion,
Qui change vne fois, change à toute occasion,
Et nous verrons tousiours, si Dieu le laisse viure,
Vn change, vn repentir, vn pardon s'entresuiure,
Ce dernier est souuent l'amorce d'vn forfait,
Et l'on cesse de craindre vn courous sans effet.

ANGELIQVE.

Sa faute a trop d'excés pour estre remissible,
Ma sœur, je ne suis pas de la sorte insensible,
Et si je presumois que mon trop de bonté
Peust jamais se resoudre à cette lascheté,
Qu'vn si honteux pardon peust suiure cette offense,
I'en preuiendrois le coup, m'en ostant la puissance.
Adieu, dans la colere où je suis aujourd'huy,
I'accepterois plustost vn Babare que luy.

SCENE CINQVIESME.

PHILIS. DORASTE,

PHILIS.

IL faut donc se haster, qu'elle ne refroidisse. Elle frape à sa porte, & Doraste sort.
Frere, quelque incognu t'a fait vn bon seruice,
Il ne tiendra qu'à toy, d'estre vn second Medor:
On a fait qu'Angelique.

DORASTE.

Et bien?

PHILIS.

Hait Alidor.

DORASTE.

Elle hait Alidor! Angelique!

PHILIS.

Angelique.

DORASTE.

D'où luy vient cette humeur? qui les a mis en picque?

PHILIS.

Si tu prends bien ton temps, il y fait bon pour toy;
Va, ne t'amuse point à sçauoir le pourquoy,
Parle au pere d'abord, tu sçais qu'il te souhaite,
Et, s'il ne s'en dédit, tien l'affaire pour faite.

DORASTE.

Bien qu'vn si bon aduis ne soit à mépriser,
Je crains....

PHILIS.

Lisis m'aborde, & tu me veux causer!
Entre chez Angelique, & pousse ta fortune,
Quand je vois vn Amant, vn frere m'importune.

SCENE SIXIEME.

LISIS, PHILIS.

LISIS.

Comme vous le chassez !

PHILIS.

Qu'eust-il fait auec nous?
Mon entretien sans luy te semblera plus doux,
Tu pourras t'expliquer auec moins de contrainte,
Me conter de quels feux tu te sens l'ame attainte,
Et ce que tu croiras propre à te soulager,
Regarde maintenant si ie sçay t'obliger.

LISIS.

Cette obligation seroit bien plus extreme,
Si vous vouliez traiter tous mes riuaux de mesme,
Et vous feriez bien plus pour mon contentement,

De souffrir auec vous vingt freres qu'vn Amãt.

PHILIS.

Nous sommes dõc, Lisis, d'vne humeur bien cõtraire,
Ie souffrirois plustost cinquãte Amãts qu'vn frere,
Et puis que nos esprits ont si peu de rapport,
Je m'étonne comment nous nous aimons si fort.

LISIS.

Vous estes ma Maistresse, & moy sous vostre empire
Je dois suiure vos loix, & non y contredire,
Et pour vous obeir mes sentiments domptez,
Se reglent seulement dessus vos volontez.

PHILIS.

Cleandre va pour en[illegible] chez Angelique.

J'aime des seruiteurs auec cette souplesse,
Et qui peuuent aimer en moy ce qui les blesse,
Si tu vois quelque iour tes feux recompensez,
Souuiens-toy. Qu'est-cecy, Cleandre, vous passez?

SCENE SEPTIESME.

CLEANDRE, PHILIS, LISIS.

CLEANDRE.

Il me faut bien-passer, puis que la place est prise.

PHILIS.

Venez, cette raison est de mauuaise mise,
D'vn million d Amants ie puis nourrir les feux
Et n'aurois pas l'esprit d'en entretenir deux:
Sortez de cette erreur, & souffrant ce partage,
Ne faites pas icy l'entendu dauantage.

CLEANDRE.

Le moyen que ie sois insensible à ce point?

PHILIS.

Quoy? pour l'entretenir ne vous aimay-ie point?

CLEANDRE.

Encor que vostre ardeur à la mienne responde,
Ie ne veux plus d'vn bien commun à tout le monde.

PHILIS.

Si vous nommés ma flame vn bien commun à tous,
Je n'aime pour le moins personne plus que vous,
Cela vous doit suffire.

CLEANDRE.

Ouy bien à des volages,
Qui peuuent en vn iour adorer cent visages:
Mais ceux dont vn objet possede tous les soins
Se donnans tous entiers, n'en meritent pas moins.

PHILIS.

De vray si vous valiez beaucoup plus que les autres,
Je deurois rejetter leurs voeux aupres des vostres,
Mais mille außi bien faits ne sont pas mieux traitez,
Et ne murmurent point contre mes volontez.
Est-ce moy à s'il vous plaist de viure à vostre mode?

Vostre amour en ce cas seroit fort incommode,
Loing de la receuoir, vous me feriez la loy:
Qui m'aime de la sorte, il s'aime & non pas moy.

LISIS A CLEANDRE.

Persiste en ton humeur, ie te prie, & conseille
A tous nos concurrents d'en prendre vne pareille.

CLEANDRE.

Tu seras bien tost seul s'ils veulent m'imiter.

PHILIS.

Quoy donc, c'est tout de bon que tu me veux quitter?
Tu ne dis mot, resueur, & pour toute replique
Tu tournes tes regards du costé d'Angelique,
Est-ce là donc l'objet de tes legeretez?
Veux-tu faire d'vn coup deux infidelitez,
Et que dans mon offense Alidor s'interesse?
Cleandre, c'est assés de trahir ta Maistresse,
Dans ta nouuelle flame épargne tes amis,
Et ne l'adresse point en lieu qui soit promis.

CLEANDRE.

De la part d'Alidor ie vay voir cette belle,
Laisse m'en auec luy démesler la querelle,
Et ne t'informe point de mes intentions.

PHILIS.

Puis qu'il me faut resoudre en mes afflictions,
Et que pour te garder i'ay trop peu de merite,
Du moins auant l'Adieu demeurōs quitte à quitte:
Que ce que i'ay du tien ie te le rende icy,
Tu m'as offert des vœux, que ie t'en rende aussy,
Et faisons entre nous toutes choses égales.

LISIS.

Et moy durant ce temps ie garderay les balles?

PHILIS.

Ie te donne congé d'vne heure, si tu veux.

LISIS.

Ie l'accepte, au hazard de le prendre pour deux.

PHILIS.

(nuye.
Pour deux, pour quatre, ſoit, ne crain pas qu'il m'en-
Mais ie ne conſents pas cependant qu'on me fuye,
On ne ſort d'auec moy qu'auecque mon congé.
Inhumain, eſt-ce ainſi que ie t'ay negligé?
Quād tu m'offrois des vœux prenois-je ainſi la fuite?
Et rends-tu la pareille à ma juſte pourſuite?
Auec tant de douceur tu te vis écouter,
Et tu tournes le dos quand ie t'en veux conter.

Liſis rentre, & Cleādre, taſche de s'échapper, & d'entrer chez Angelique.

CLEANDRE.

Va te joüer d'vn autre auec tes railleries,
Ie ne puis plus ſouffrir de ces badineries,
Ne m'aime point du tout, ou n'aime rien que moy.

PHILIS.

Ie ne t'impoſe pas vne ſi dure loy,
Auec moy, ſi tu veux, aime toute la terre,
Sans craindre que jamais ie t'en faſſe la guerre.
Je recognois aſſez mes imperfections,
Et quelque part que j'aye en tes affections,
C'eſt encor trop pour moy, ſeulement ne rejette

La parfaitte amitié d'vne fille imparfaitte.

CLEANDRE.

Qui te rend obſtinée à me perſecuter?

PHILIS.

Qui te rend ſi cruel que de me rejetter?

CLEANDRE.

Il faut que de tes mains vn Adieu me deliure.

PHILIS.

Si tu ſçais t'en aller ie ſçauray bien te ſuiure,
Et quelque occaſion qui t'amene en ces lieux,
Tu ne luy diras pas grand ſecret à mes yeux.
Ie ſuis plus incommode encor qu'il ne te ſemble.
Parlons pluſtoſt d'accord & compoſons enſemble,
Hier vn peintre excellent m'apporta mon portrait,
Tandis qu'il t'en demeure encore quelque trait,
Qu'encor tu me cognois, & que de ta penſée
Mon image n'eſt pas tout à fait effacée,

Ne m'en refuse point ton petit iugement.

CLEANDRE.

Ie le tiens pour bien fait.

PHILIS.

Plains-tu tant vn moment?
Et m'attachant à toy, si ie te desespere,
A ce prix trouues-tu ta liberté trop chere?

CLEANDRE.

Allons, puis qu'autrement ie ne te puis quitter,
A tel prix que ce soit il me faut racheter,

Fin du second Acte.

ACTE III.

SCENE PREMIERE.

PHILIS, CLEANDRE.

CLEANDRE.

EN ce point il ressemble à ton humeur volage
Qu'il reçoit tout le monde auec mesme visage;
Mais d'ailleurs ce portrait ne te ressemble pas,
Veu qu'il ne me dit mot, & ne suit point mes pas.

PHILIS.

En quoy que desormais ma presence te nuise,
La ciuilité veut que ie te reconduise.

CLEANDRE.

Mets, en fin quelque borne à ta ciuilité,
Et suiuant nostre accord me laisse en liberté.

SCENE SECONDE.

DORASTE, PHILIS, CLEANDRE.

DORASTE. Sortant de chez Angelique.

Tout est gaigné, ma sœur, la belle m'est acquise;
Jamais occasion ne se trouua mieux prise,
Je possede Angelique.

CLEANDRE.

Angelique!

DORASTE.

Ouy, tu peux
Aduertir Alidor du succes de mes vœux,
Et qu'au sortir du bal que ie donne chez elle
Demain vn sacré nœud me joint à cette belle,
Dy luy qu'il se console, Adieu ie vay pouruoir
A tout ce qu'il faudra preparer pour ce soir.

PHILIS.

Nous voila donc de bal! Dieu nous fera la grace,
D'en trouuer la cinquante à qui donner la place.
Va t'en, si bon te semble, ou demeure en ces lieux,
Je ne t'arestois pas icy pour tes beaux yeux,
Mais jusqu'à maintenant i'ay voulu te distraire,
De peur que ton abord interrompist mon frere,
Quelque fin que tu sois tien toy pour affiné.

SCENE TROISIESME.

CLEANDRE.

CIel à tant de malheurs, m'auiez vous destiné!
Faut il que d'vn dessein si juste que le nostre,
La peine soit pour nous & les fruits pour vn autre,
Et que nostre artifice ait si mal succedé
Qu'il me desrobbe vn bien qu'Alidor m'a cedé?
Officieux amy d'vn Amant déplorable,
Que tu m'offres en vain cét objet adorable!
Qu'en vain de m'en saisir ton adresse entreprend!
Ce que tu m'as donné, Doraste le surprend,
Tandis qu'il me supplante, vne sœur me cajole,
Elle me tient les mains cependant qu'il me vole,
On me ioüe, on me braue, on me tuë, on s'en rit,
L'vn me vante son heur, l'autre son trait d'esprit,
L'vn, & l'autre à la fois me perd, me desespere,
Et ie puis espargner, ou la sœur, ou le frere,
Estre sans Angelique, & sans ressentiment,

G

Auec si peu de cœur aimer si puissamment!
Que faisiez vous mes bras? que faisiez vous ma lame?
N'osiez vous mettre au iour les secrets de mon ame?
N'osiez vous leur mõstrer ce qu'ils m'ont fait de mal?
N'osiez vous descouurir à Doraste vn riual?
Cleandre, est-ce vn forfait que l'ardeur qui te presse?
Craignois tu de rougir d'vne telle Maistresse?
Et cachois tu l'excés de ton affection,
Par honte, par respect, ou par discretion?
Auec quelque raison, ou quelque violence,
Que l'vn de ces motifs t'obligeast au silence,
Pour faire à ce riual sentir quel est ton bras,
L'interest d'vn amy ne suffisoit-il pas?
Pouuois-tu desirer d'occasion plus belle
Que le nom d'Alidor à vanger ta querelle?
Si pour tes feux cachez tu n'oses t'esmouuoir,
Laisse leurs interests, suy ceux de ton deuoir,
On supplante Alidor, du moins en apparence,
Et sans ressentiment tu souffres cette offence,
Ton courage est muet & ton bras endormy,
Pour estre Amant discret tu parois lasche amy.
C'est trop abandonner ta renommée au blasme;
Il faut sauuer d'vn coup ton honneur & ta flame,
Et l'vn, & l'autre icy marchent d'vn pas égal,
Soustenant vn amy tu t'ostes vn riual.
Ne differe donc plus ce que l'honneur commande,

Et luy gaigne Angelique afin qu'il te la rende:
Veux tu pour le defendre vne plus douce loy?
Si tu combats pour luy les fruits en sont pour toy.
J'y suis tout resolu, Doraste, il la faut rendre,
Tu sçauras ce que c'est de supplanter Cleandre,
Tout l'vniuers armé pour te la conseruer
De mes jaloux efforts ne te pourroit sauuer.
Qu'est-cecy, ma fureur? est il temps de paroistre?
Quand tu manques d'objets tu commences à naistre,
C'estoit, c'estoit tantost qu'il falloit t'exciter,
C'estoit, c'estoit tantost qu'il falloit m'emporter,
Puis qu'vn riual present trop foible tu recules,
Tes mouuements tardifs deuiennent ridicules,
Et quoy qu'à ces transports promette ma valeur,
A peine les effets preuiendront mon malheur.
Pour rompre en honneste hôme vn Hymen si funeste,
Je n'ay plus desormais qu'vn peu de jour qui reste,
Autrement il me faut affronter ce riual,
Au peril de cent morts, au milieu de son bal,
Aucune occasion ailleurs ne m'est offerte,
Il luy faut tout quitter, ou me perdre en sa perte,
Il faut....

SCENE QVATRIESME.

ALIDOR. CLEANDRE.

ALIDOR.

ET bien, Cleandre, aye-je sceu t'obliger?

CLEANDRE.

Pour m'auoir obligé, que ie vay t'affliger!
Doraste a pris le temps des dépits d'Angelique.

ALIDOR.

Aprés?

CLEANDRE.

Aprés cela, veux tu que ie m'explique?

ALIDOR.

Qu'en a t'il obtenu?

CLEANDRE.

Pardelà son espoir,
Si bien qu'aprés le Bal qu'il luy donne ce soir,
Leur Hymen accomply rend mon malheur extresme.

ALIDOR.

En es tu bien certain?

CLEANDRE.

I'ay tout sceu de luy-mesme.

ALIDOR.

Que ie serois heureux si ie ne t'aimois point!
Cet Hymen auroit mis mon bonheur à son point,
La prison d'Angelique auroit rompu la mienne,
Quelque empire sur moy que son visage obtienne,
Ma passion fust morte auec sa liberté,

Et trop vain pour souffrir qu'en sa captiuité
Les restes d'vn riual eussent fait mon seruage,
Elle eust perdu mon cœur auec son pucelage.
Pour forcer sa colere à de si doux effets,
Quels efforts, cher amy, ne me suis je point faits?
Me feindre tout de glace, & n'estre que de flame!
La mépriser de bouche, & l'adorer dans l'ame!
J'ay souffert ce supplice & me suis feint leger,
De honte & de despit de ne pouuoir changer,
Et ie voy prés du but où ie voulois pretendre
Les fruits de mon trauail n'estre pas pour Cleandre!
A ces conditions mon bon heur me desplaist,
Ie ne puis estre heureux, si Cleandre ne l'est,
Ce que ie t'ay promis ne peut estre à personne,
Il faut que ie perisse, ou que ie te le donne,
J'auray trop de moyens à te garder ma foy,
Et malgré les destins Angelique est à toy.

CLEANDRE.

Ne trouble point, amy, ton repos pour mon aise,
Crois tu qu'à tes despens aucun bon heur me plaise?
Sans que ton amitié fasse vn second effort
Voicy de qui j'auray ma Maistresse ou la mort.
Si Doraste a du cœur il faut qu'il la deffende,
Et que l'espée au poing il la gaigne, ou la rende.

ALIDOR.

Simple, par le chemin que tu penſes tenir,
Tu la luy peux oſter, mais non pas l'obtenir.
La ſuite des duels ne fut jamais plaiſante,
C'eſtoit ces jours paſſez ce que diſoit Theant,
Il faut prendre vn chemin, & plus court & plus ſeur,
Ie veux ſans coup ferir t'en rendre poſſeſſeur,
Va t'en donc, & me laiſſe aupres de cette belle
Employer le pouuoir qui me reſte ſur elle.

CLEANDRE.

Cher amy.

ALIDOR.

Va t'en dis-je, & par tes compliments
Ceſſe de t'oppoſer à tes contentements,
Deſormais en ces lieux tu ne fais que me nuire.

CLEANDRE.

Je te vay donc laiſſer ma fortune à conduire,

Adieu, puiſſay-ie auoir les moyens à mon tour
De faire autant pour toy, que toy pour mon amour.

ALIDOR ſeul.

Que pour ton amitié, ie vay ſouffrir de peine!
Desja preſque eſchappé ie rentre dans ma chaine,
Il faut encore vn coup m'expoſant ſes yeux,
Reprendre de l'amour afin d'en donner mieux.
Mais reprendre vn amour dont ie me veux deffaire,
Qu'eſt-ce qu'à mes deſſeins vn chemin tout contraire?
Allons y toutesfois puiſque ie l'ay promis,
Toute peine eſt fort douce à qui ſert ſes amis.

SCENE CINQVIESME.

ANGELIQVE dans son Cabinet.

Qvel malheur par tout m'accompagne!
Qu'vn indiscret Hymen me vange à mes despens!
Que de pleurs en vain ie répands,
Moins pour ce que ie perds, que pour ce que ie gaigne!
L'vn m'est plus doux que l'autre, & i'ay moins de tourment,
Du forfait d'Alidor, que de son chastiment.
Ce traistre alluma donc ma flame!
Je puis donc consentir à ces tristes accords!
Et par quelques puissants efforts
Que de tous sens ie tourne & retourne mon ame,
I'y trouue seulement, afin de me punir,
Le dépit du passé, l'horreur de l'aduenir.

SCENE SIXIESME.

ANGELIQVE, ALIDOR.

ANGELIQVE voyant Alidor entrer en son Cabinet.

OV viens tu déloyal? auec quelle impudence
Oses tu redoubler mes maux par ta presence?
Ton plaisir dépend il d'auoir veu mes douleurs?
Qui te fait si hardy de surprendre mes pleurs?
Est il dit que tes yeux te mettront hors de doute,
Et t'aprendront combien ta trahison me couste?
Aprés qu'éfrontément ton adueu m'a fait voir
Qu'Angelique sur toy n'eut iamais de pouuoir,
Tu te mets à genoux, & tu veux, miserable,
Que ton feint repentir m'en donne vn veritable?
Va, va, n'espere rien de ces submissions,
Porte les à l'objet de tes affections,
Ne me presente plus les traits qui m'ont déceuë,
N'attaque point mon cœur en me blessant la veuë,
Penses tu que ie sois aprés ton changement
Ou sans ressouuenir, ou sans ressentiment?

S'il te ſouuient encor de ton brutal caprice,
Dy moy, que viens tu faire au lieu de ton ſuplice?
Garde vn exil ſi cher a tes legeretez,
Ie ne veux plus ſçauoir de toy mes veritez.
Quoy? tu ne me dis mot? crois tu que ton ſilence
Puiſſe de tes diſcours reparer l'inſolence?
Des pleurs effacent ils vn mépris ſi cuiſant,
Et ne t'en dedis tu, traiſtre, qu'en te taiſant?
Pour triompher de moy, veux tu pour toutes armes
Employe des ſoupirs, & de muettes larmes?
Sur noſtre amour paſſé c'eſt à trop te fier,
Du moins dy quelque choſe à te juſtifier,
Demande le pardon que tes regards m'arrachent,
Explique leurs diſcours, dy moy ce qu'ils me cachent.
Que mon courrous eſt foible, & que leurs traits puiſ-
Rendent des criminels aiſement innocents! (ſants
Je n'y puis reſiſter, quelque effort que ie faſſe,
Comme vaincüe il faut que ie quitte la place.

Elle veut ſortir du cabinet, mais Alidor la retient,

ALIDOR.

Ma chere ame, mon tout, quoy? vous m'abandõnez!
C'eſt bien la me punir quand vous me pardonnez.
Ie ſçay ce que i'ay fait, & qu'apres tant d'audace
Je ne merite pas de iouir de ma grace:
Mais demeurez du moins tant que vous ayez ſceu

Que par vn feint mépris voſtre amour fut deçeu,
Que ie vous fus fidelle en dépit de ma lettre,
Qu'en vos màins ſeulement on la deuoit remettre,
Que mon d[illegible]ein n'alloit qu'à voir vos mouue-
ments,
Et juger de vos feux par vos reſſentiments.
Dites, quand ie la vis entre vos mains remiſe,
Changeay-ie de couleur? eus-je quelque ſurpriſe?
Ma parole plus ferme, & mon port aſſeuré
Ne vous monſtroient ils pas vn eſprit preparé?
Que Clarine vous die à la premiere veuë,
Si jamais de mon change elle s'eſt apperçeuë;
Auſſi mon compliment flattoit mal ſes appas,
Il vous offençoit bien, mais ne l'obligeoit pas,
Et ſes termes picquants, mal conçeus pour luy
plaire,
Au lieu de ſon amour cherchoient voſtre colere.

ANGELIQVE.

Ceſſe de m'éclaircir deſſus vn tel ſecret,
En te montrant fidelle il accroiſt mon regret,
Je perds moins, ſi je croy ne perdre qu'vn volage,
Et je ne puis ſortir d'erreur qu'à mon dommage.
Que me ſert de ſçauoir ſi tes vœux ſont conſtants?
Que te ſert d'eſtre aimé quand il n'en eſt plus temps?

ALIDOR.

Außi ne viens-je pas pour regaigner vostre ame,
Preferez moy, Doraste, & deuenez sa femme,
Je vous viens par ma mort en donner le pouuoir.
Moy viuant vostre foy ne le peut receuoir,
Elle m'est engagée, & quoy que l'on vous die,
Sans crime elle ne peut durer moins que ma vie.
Mais voicy qui vous rend l'vne & l'autre à la fois.

ANGELIQVE.

Ah! ce cruel discours me reduit aux abois!
Dans ma prompte vangeance à jamais miserable,
Que je deteste en vain ma faute irreparable!

ALIDOR.

Si vous auez du cœur, on la peut reparer.

ANGELIQVE.

C'est demain qu'on nous doit pour jamais separer,
En ce piteux estat que veux tu que je fasse?

ALIDOR.

Ah ! ce diſcours ne part que d'vn cœur tout de glace.
Non, non, reſoluez vous il vous faut à ce ſoir
Montrer voſtre courage, ou moy mon deſeſpoir.
Quittez auec le bal vos malheurs pour me ſuiure,
Ou ſoudain à vos yeux ie vay ceſſer de viure.
Mettrez vous en ma mort voſtre contentement?

ANGELIQVE.

Non, mais que dira t'on d'vn tel enleuement?

ALIDOR.

Eſt-ce là donc le prix de vous auoir ſeruie?
Il y va de voſtre heur, il y va de ma vie,
Et vous vous arreſtez à ce qu'on en dira;
Mais faites deſormais tout ce qu'il vous plaira,
Puis que vous conſentez pluſtoſt à vos ſuplices,
Qu'à l'vnique moyen de payer mes ſeruices,
Ma mort va me vanger de voſtre peu d'amour,
Si vous n'eſtes à moy, ie ne veux plus du iour.

ANGELIQVE.

Retien ce coup fatal, me voila resoluë,
Dessus mes volontez ta puissance absoluë
Peut disposer de moy, peut tout me commander.
Mon honneur en tes mains prest à se hazarder,
Par vn trait si hardy, quelque tort qu'il se fasse,
Y consent toutefois, & ne veut qu'vne grace.
Accorde à ma pudeur que deux mots de ta main
Iustifient aux miens ma fuite & ton dessein,
Qu'ils puissent, me cherchant, trouuer icy ce gage,
Qui les rende asseurez de nostre mariage,
Que la sincerité de ton intention
Conserue, mise au iour, ma reputation,
Ma faute en sera moindre, & hors de l'impudence
Paroistra seulement fuir vne violence.

ALIDOR.

Ma Reine, en fin par là vous me ressuscitez,
Agissez pleinement dessus mes volontez,
I'auois pour vostre honneur la mesme inquietude;
Et ne pourrois d'ailleurs, qu'auec ingratitude,
Voyant ce que pour moy vostre flame resoult,
Dénier quelque chose à qui m'accorde tout.
Dõnez moy, sur le champ ie vous veux satisfaire.

ANGELIQVE.

Il vaut mieux que l'effet à tantost se differe,
Je manque icy de tout, & i'ay peur, mon soucy,
Que quelqu'vn par malheur ne te surprenne icy.
Mon dessein genereux fait naistre cette crainte,
Depuis qu'il est formé j'en ay senty l'atteinte,
Va, quitte moy, ma vie, & te coule sans bruit.

ALIDOR.

Adieu donc ma chere ame.

ANGELIQVE.

Adieu jusqu'à minuit.

Seule en son cabinet.

Que promets tu, pauure aueuglée?
A quoy t'engage icy ta folle passion?
Et de quelle indiscretion
Ne s'accompagne point ton ardeur dereglée?
Tu cours à ta ruine, & vas tout hazarder
Sur la foy de celuy qui n'en sçauroit garder.
Ie me trompe, il n'est point volage,
J'ay veu sa fermeté, i'en ay creu ses soupirs,
Et si ie flatte mes desirs

Vn

Vne ſi douce erreur n'eſt qu'à mon aduantage,
Me manquaſt-il de foy, ie la luy doibs garder;
Et pour perdre Doraſte il faut tout hazarder.

ALIDOR ſortant de la porte d'Angelique, & repaſſant ſur le Theatre.

Cleandre elle eſt à toy, i'ay flechy ſon courage.
Que ne peut l'artifice, & le fard du langage!
Et ſi pour vn amy ces effets ie produis,
Lors que i'agis pour moy, qu'eſt-ce que ie ne puis?

SCENE SEPTIESME.

PHILIS.

D'Où prouient qu'Alidor ſort de chez Angelique?
Auroit-il auec elle encor quelque pratique?
Son viſage n'a rien que d'vn homme content.
Auroit-il regaigné cet eſprit inconſtant?

O qu'il feroit bon voir que cette humeur volage
Deux fois en moins d'vne heure eust changé de courage!
Que mon frere en tiendroit s'ils s'estoiēt mis d'accord
Il faut qu'à le sçauoir ie fasse mon effort.
Ce soir ie sonderay les secrets de son ame,
Et si son entretien ne me trahit sa flame,
I'auray l'œil de si pres dessus ses actions
Que ie m'esclairciray de ses intentions.

SCENE HVICTIESME.

PHILIS, LISIS.

PHILIS.

QVoy? *Lisis, ta retraitte est de peu de durée?*

LISIS.

L'heure de mon congé n'est qu'à peine expirée,
Mais vous voyant icy sans frere & sans amant...

PHILIS.

N'en presume pas mieux pour ton contentement.

LISIS.

Et d'où vient à Philis une humeur si nouuelle?

PHILIS.

Vois tu, ie ne sçay quoy me broüille la ceruelle,
Va, ne me conte rien de ton affection,
Elle en auroit fort peu de satisfaction.

LISIS.

Puisque vous le voulez, adieu, ie me retire.

PHILIS.

Reserue pour le bal ce que tu me veux dire.

LISIS.

Le bal! où le tient on?

PHILIS.

Là dedans.

LISIS.

Il ſuffit,
De voſtre bon aduis ie feray mon profit.

FIN DV TROISIESME ACTE.

ACTE IV.

L'Acte est dans la nuict.

SCENE PREMIERE.

ALIDOR, CLEANDRE. troupe d'armés.

ALIDOR.

Il dit ce vers à Cleãdre, & l'ayant fait retirer auec sa troupe il continuë seul.

ATtends là de pied coy que ie t'en aduertisse.
En fin la nuict s'auance, & son voile propice
Me va faciliter le succés que i'attends
Pour rendre heureux Cleandre, & mes desirs contẽs.
Mon cœur las de porter vn ioug si tyrannique
Ne sera plus qu'vne heure esclaue d'Angelique,
Ie vay faire vn amy possesseur de mon bien:
Aussi dans son bon heur ie rencontre le mien,
C'est moins pour l'obliger que pour me satisfaire,
Moins pour le luy donner qu'afin de m'en deffaire.
Ce traict est vn peu lasche, & sent sa trahison,
Mais cette lascheté m'ouurira ma prison,
Ie veux bien à ce prix auoir l'ame traistresse,
Et que ma liberté me couste vne maistresse.

Que luy faisie apres tout qu'elle n'ait merité
Pour auoir malgré moy fait ma captiuité?
Qu'on ne m'accuse point d'aucune ingratitude
Ce n'est que me vanger d'vn an de seruitude,
Que rompre son dessein comme elle a fait le mien,
Qu'vser de mon pouuoir comme elle a fait du sien,
Et ne luy pas laisser vn si grand auantage
De suiure son humeur, & forcer mon courage.
Le forcer! mais helas! que mon consentement
Par vn si doux effort fust surpris aisément!
Quel excés de plaisirs gousta mon imprudence
Auant que s'aduiser de cette violence!
Examinant mon feu qu'est-ce que ie ne pers!
Et qu'il m'est cher vendu de cognoistre mes fers!
Ie soupçonne desia mon dessein d'iniustice,
Et ie doute s'il est ou raison, ou caprice,
Ie crains vn pire mal apres ma guerison,
Et d'aller au supplice en rompant ma prison.
Alidor, tu consens qu'vn autre la possede!
Peux-tu bien t'exposer à des maux sans remede,
A de vains repentirs, d'inutiles regrets,
De steriles remords, & des bourreaux secrets,
Cependant qu'vn amy par tes lasches menées
Cueillira les faueurs qu'elle t'a destinées?
Ne frustre point l'effet de son intention,
Et laisse vn libre cours à ton affection,

Fay ce beau coup pour toy, ſuy l'ardeur qui te preſſe.
Mais trahir ton amy! mais trahir ta maiſtreſſe!
Iamais fut-il mortel ſi malheureux que toy?
De tous les deux coſtez il y va de ta foy.
A qui la tiendras-tu? Mon eſprit en déroute
Sur le plus fort des deux ne peut ſortir de doute,
Ie n'en veux obliger pas vn à me haïr,
Et ne ſçay qui des deux ou ſeruir ou trahir.
Mais que mon iugement s'enueloppe de nuës!
Mes reſolutions qu'eſtes-vous deuenuës?
Reuenez mes deſſeins, & ne permettez pas
Qu'on triomphe de vous auec vn peu d'appas.
Cleandre, elle eſt à toy, dedans cette querelle
Angelique le perd, nous ſommes deux contre elle,
Ma liberté conſpire auecque tes ardeurs,
Les miennes deſormais vont tourner en froideurs,
Et laſſé de ſouffrir vn ſi rude ſeruage
I'ay l'eſprit aſſez fort pour combatre vn viſage.
Ce coup n'eſt qu'vn effet de generoſité,
Et ie ne ſuis honteux que d'en auoir douté.
Amour, que ton pouuoir taſche en vain de paroiſtre!
Fuy, petit inſolent, ie veux eſtre le maiſtre,
Il ne ſera pas dit qu'vn homme tel que moy
En deſpit qu'il en ait obeiſſe à ta loy.
Ie ne me reſoudray iamais à l'Hymenée
Que d'vne volonté franche & determinée,

Et celle qu'en ce cas ie nommeray mon mieux
M'en sera redeuable, & non pas à ses yeux,
Et *ma flame ...*

SCENE SECONDE.

ALIDOR CLEANDRE.

CLEANDRE.

A*Lidor.*

ALIDOR.

Qui m'appelle?

CLEANDRE.

Cleandre.

ALIDOR.

Qui te fait aduancer?

CLEANDRE.

Ie me lasse d'attendre.

ALIDOR.

ALIDOR.

Laisse moy, cher amy, le soin de t'aduertir
En quel temps de ce coin il te faudra sortir.

CLEANDRE.

Minuit vient de sonner, & par experience
Tu sçais comme l'amour est plein d'impatience.

ALIDOR.

Va donc tenir tout prest à faire vn si beau coup,
Ce que nous attendons ne peut tarder beaucoup,
Je liure entre tes mains cette belle maistresse
Si tost que i'auray peu luy rendre ta promesse.
Sans lumiere, & d'ailleurs s'asseurant en ma foy
Rien ne l'empeschera de la croire de moy;
Apres acheue seul, ie ne puis sans supplice
Forcer icy mes bras à te faire seruice,
Et mon reste d'amour en cet enleuement
Ne peut contribuer que mon consentement.

CLEANDRE.

Amy, ce m'est assez.

ALIDOR.

Va donc là bas attendre
Que ie te donne aduis du temps qu'il faudra prendre
Encor vn mot Cleandre, & qui t'importe fort.
Ta taille auec la mienne a si peu de rapport
Qu'Angelique soudain te pourra recognoistre,
Regarde apres ses cris si tu serois le maistre.

CLEANDRE.

Ma main dessus sa bouche y sçaura trop pouruoir.

ALIDOR.

Amy, separons-nous, ie pense l'entreuoir.

CLEANDRE.

Adieu, fay promptement.

SCENE TROISIESME.

ALIDOR, ANGELIQVE.

ANGELIQVE.

S^T.

ALIDOR.

Ie l'entends, c'est elle.

ANGELIQVE.

Alidor, es-tu là?

ALIDOR.

Ie suis à vous, ma belle.
De peur d'estre cognu ie deffends à mes gens
De paroistre en ces lieux auant qu'il en soit temps.
Tenez.

Il luy donne la promesse de Cleandre.

ANGELIQVE.

Ie prends sans lire, & ta foy m'est si claire

Que ie la prends bien moins pour moy que pour mon
pere,
Ie la porte à ma chambre, eſpargnons les diſcours,
Fais auancer tes gens, & depeſche.

ALIDOR.

I'y cours.
Lors que de ſon honneur ie luy rends l'aſſeurance
C'eſt quand ie trompe mieux ſa credule eſperance,
Mais puiſque au lieu de moy ie luy donne vn amy,
A tout prendre, ce n'eſt la tromper qu'à demy.

SCENE QVATRIESME.

PHILIS.

ANgelique. C'eſt fait, mon frere en à dans l'aiſle,
La voyant eſchapper ie courois apres elle,
Mais vn maudit galand m'eſt venu bruſquement
Seruir à la trauerſe vn mauuais compliment,
Et par ſes vains diſcours m'embaraſſer, de ſorte
Qu'Angelique à ſon aiſe a ſceu gaigner la porte.

Sa perte est asseurée, & ce traistre Alidor
La posseda iadis, & la possede encor.
Mais iusques à ce point seroitelle imprudente?
Il n'en faut point douter, sa perte est euidente,
Le cœur me le disoit le voyant en sortir,
Et mon frere dés lors se deuoit aduertir.
Ie te trahis, mon frere, & par ma negligence
Estant sans y penser de leur intelligence...

SCENE CINQVIESME.

ALIDOR.

Alidor paroist auec Cleandre accompagné d'vne troupe, & apres luy auoir mõstré Philis, qu'il croit estre Angelique, il se retire en vn coing du theatre, & Cleandre enleue Philis, & luy met d'abord la main sur la bouche.

ON l'enleue, & mon cœur surpris d'vn vain regret
Fait à ma perfidie vn reproche secret,
Il tient pour Angelique, il la suit, le rebelle,
Parmy mes trahisons il veut estre fidelle,
Ie le sens refuser sa franchise à ce prix,
Ie le sens malgré moy de nouueaux feux espris
Desaduouer mon crime, & pour mieux s'en defendre
Me demander son bien que ie cede à Cleandre.

Helas! qui me prescrit cette brutale loy
De payer tant d'amour auec si peu de foy?
Q'enuers cette beauté ma flame est inhumaine;
Si mon feu la trahit, que luy feroit ma haine?
Iuge, iuge Alidor en quelle extremité
Ne la va point ietter ton infidelité,
Escoute ses souspirs, considere ses larmes,
Et laisse toy gaigner à de si fortes armes,
Cours apres elle, & voy si Cleandre auiourd'huy
Pourra faire pour toy ce que tu fais pour luy.
Mais mon esprit s'esgare, & quoy qu'il se figure
Faut il que ie me rende à des pleurs en peinture,
Et qu'Alidor de nuict plus foible que de iour
Redonne à la pitié ce qu'il oste à l'amour?
Ainsi donc mes desseins se tournent en fumee!
I'ay d'autres repentirs que de l'auoir aimee!
Suis-ie encor Alidor apres ces sentiments?
Et ne pourray-ie en fin regler mes mouuements?
Vaine compaßion des douleurs d'Angelique,
Qui pensez triompher d'vn cœur melancolique,
Temeraire auorton d'vn impuissant remors,
Va, va porter ailleurs tes debiles efforts,
Apres de tels appas qui ne m'ont peu seduire
Qui te fait esperer ce qu'ils n'ont sceu produire?
Pour vn meschant souspir que tu m'as desrobé
Ne me presume pas encore succombé.

Ie ſçay trop maintenir ce que ie me propoſe,
Et ſouuerain ſur moy rien que moy n'en diſpoſe.
En vain vn peu d'amour me deſguiſe en forfait
Du bien que ie me veux le genereux effet.
De nouueau i'y conſens, & preſt a l'entreprendre...

SCENE SIXIESME.

AGELIQVE, ALIDOR.

ANGELIQVE.

IE demande pardon de t'auoir fait attendre,
D'autant qu'en l'eſcalier on faiſoit quelque bruit
Et qu'vn peu de lumiere en effaçoit la nuit,
Ie n'oſois m'auancer de peur d'eſtre apperceuë.
Allons, tout eſt-il preſt, perſonne ne m'a veuë:
De grace depeſchons, c'eſt trop perdre de temps,
Et les moments icy nous ſont trop importants,
Fuions viſte, & craignons les yeux d'vn domeſtique.
Quoy, tu ne reſponds point à la voix d'Angelique?

ALIDOR.

Angelique ! mes gens vous viennent d'enleuer,
Qui vous a fait si tost de leurs mains vous sauuer?
Quel soudain repentir, quelle crainte de blasme,
Et quelle ruse en fin vous desrobe à ma flame?
Ne vous suffit-il point de me manquer de foy,
Sans prendre encor plaisir à vous iouër de moy?

ANGELIQVE.

Que tes gens cette nuit m'ayent veüe ou saisie!
N'ouure point ton esprit à cette fantaisie.

ALIDOR.

Autant que m'ont permis les ombres de la nuit
Ie l'ay veu de mes yeux.

ANGELIQVE.

Tes yeux t'ont donc seduit,
Et quelque autre sans doute apres moy descenduë
Se trouue entre les mains dont i'estois attenduë.
Mais, ingrat, pour toy seul i'abandonne ces lieux,
Et tu n'accompagnois ma fuite que des yeux!
La belle preuue, helas! de ton amour extreme
De remettre ce coup à d'autres qu'à toy-mesme!

I'estois donc vn larcin indigne de tes mains?

ALIDOR.

Quand vous aurez appris le fonds de mes desseins
Vous n'attribuerez plus voyant mon innocence
A peu d'affection l'effet de ma prudence.

ANGELIQVE.

Pour oster tout soupçon, & tromper ton riual
Tu diras qu'il falloit te monstrer dans le bal?
Foible ruse!

ALIDOR.

Adioustez, & vaine, & sans adresse
Puisque ie ne pouuois dementir ma promesse.

ANGELIQVE.

Quel éstoit donc le but de ton intention?

ALIDOR.

D'attendre icy le coup de leur esmotion,
Et d'vn autre costé me iettant à la fuitte
Diuertir de vos pas leur plus chaude poursuite.

ANGELIQVE en pleurant.

Mais en fin Alidor, tes gens se sont mespris?

ALIDOR.

Dans ce coup de malheur, & confus, & ſurpris,
Ie voy tous mes deſſeins ſucceder à ma honte,
Permettez moy d'aller mettre ordre à ce meſconte.

ANGELIQVE.

Cependant, miſerable, à qui me laiſſes-tu?
Tu fruſtres donc mes vœux de l'eſpoir qu'ils ont eu?
Et ton manque d'amour, de mes malheurs complice,
M'abandonnant icy me liure à mon ſupplice?
L'hymen (ah! ce penſer deſia me fait mourir.)
Me va ioindre à Doraſte, & tu le peux ſouffrir!
Tu me peux expoſer à cette tyrannie!
De l'erreur de tes gens ie me verray punie!

ALIDOR.

Iugez mieux de ma flame, & ſongez, mon eſpoir,
Qu'vn tel enleuement n'eſt plus en mon pouuoir,
I'en ay manqué le coup, & ce que ie regrette,
Mon caroſſe eſt parti, mes gens ont fait retraite,
A Paris, & de nuit, vne telle beauté
Suiuant vn homme ſeul eſt mal en ſeureté,
Doraſte, ou par malheur quelque pire ſurpriſe
De ces coureurs de nuit me feroit laſcher priſe.

De grace, mon ſouci, paſſons encor vn iour.

ANGELIQVE.

Tu manques de courage außi bien que d'amour,
Et tu me fais trop voir par cette reſuerie
Le chimerique effet de ta poltronnerie.
Alidor (quel amant!) n'oſe me poſſeder.

ALIDOR.

Vn bien ſi precieux ſe doit-il haZarder?
Et ne pouueZ-vous point d'vne ſeule iournee
Differer le malheur de ce triſte Hymenee?
Peut eſtre le deſordre, & la confuſion
Qui naiſtront dans le bal de cette occaſion
Le remettront pour vous & l'autre nuit ie iure...

ANGELIQVE.

Que tu ſeras encor ou timide ou pariure?
Quand tu m'as reſolüe à tes intentions
Ingrat, t'ay-ie oppoſé tant de precautions?
Tu m'aimes, ce dis-tu? tu le fais bien paroiſtre
Remettant mon bonheur ainſi ſur vn peut-eſtre.

ALIDOR.

Encor que mon amour apprehende pour vous
Puiſque vous le voulez, & bien, ie m'y reſous

Alidor s'eschape, & Angelique le veut suiure, mais Dorafte l'arreste.

Fuions, hazardons tout. Mais on ouure la porte,
C'est Doraste qui sort, & nous suit à main forte.

SCENE SEPTIESME.

ANGELIQVE, DORASTE, LYCANTE, Troupe d'amis.

DORASTE.

QVoy? ne m'attẽdre pas! c'est trop me desdaigner,
Ie ne viens qu'à dessein de vous accompagner,
Car vous n'entreprenez si matin ce voyage
Que pour vous preparer à nostre mariage,
Encor que vous partiez beaucoup deuant le iour
Vous ne serez iamais assez tost de retour,
Vous vous esloignez trop, veu que l'heure nous presse.
Infidelle, est-ce là me tenir ta promesse?

ANGELIQVE.

Et bien c'est te trahir, penses-tu que mon feu
D'vn genereux dessein te fasse vn desadueu?

Ie t'acquis par despit, & perdrois auec ioye,
Mon desespoir à tous m'abandonnoit en proye,
Et lors que d'Alidor ie me vis outrager
Ie fis armes de tout afin de me vanger,
Tu t'offris par hazard, ie t'acceptay de rage,
Ie te donnay son bien, & non pas mon courage.
Ce change à mon despit iettoit vn faux appas,
Ie le nommois sa peine, & c'estoit mon trespas,
Ie prenois pour vengeance vne telle iniustice,
Et dessous ses couleurs i'adorois mon supplice.
Aueugle que i'estois! mon peu de iugement
Ne se laissoit guider qu'a mon ressentiment,
Mais depuis Alidor m'a fait voir que son ame
En feignant vn mespris n'auoit pas moins de flame,
Il a repris mon cœur en me rendant les yeux,
Et soudain mon amour m'a fait hair ces lieux.

DORASTE.

Tu suiuois Alidor!

ANGELIQVE.

Ta funeste arriuée
En arrestant mes pas de ce bien m'a priuée.
Mais si..

DORASTE.

Tu le suiuois!

ANGELIQVE.

Ouy, fay tous tes efforts,
Luy seul aura mon cœur, tu n'auras que le corps.

DORASTE.

Impudente, effrontée autant comme traistresse,
De ce cher Alidor tiens tu cette promesse?
Est-elle de sa main, pariure? de bon cœur
I'aurois cedé ma place à ce premier vainqueur,
Mais suiure vn incognu! me quitter pour Cleandre!

ANGELIQVE.

Pour Cleandre?

DORASTE.

J'ay tort, ie tasche à te surprendre,
Voy ce qu'en te cherchant m'a donné le hazard,
C'est ce que dans ta chambre a laissé ton depart,
C'est là qu'au lieu de toy i'ay trouué sur ta table
De ta fidelité la preuue indubitable,
Ly, mais ne rougy point, & me soustiens encor
Que tu ne fuis ces lieux que pour suiure Alidor.

Bill et de Cleandre à Angelique.

ANgelique, reçoy ce gage
De la foy que ie te promets
Qu'vn prompt & sacré mariage
Vnira nos iours desormais,
Quittons ces lieux, chere maistresse,
Rien ne peut que ta fuite asseurer mon bonheur,
Mais laisse aux tiens cette promesse
Pour seureté de ton honneur,
Afin qu'ils en puissent apprendre,
Que tu suis ton mary, lors que tu suis Cleandre.
Cleandre.

Angelique lit.

ANGELIQVE.

Que ie suis mon mary lors que ie suis Cleandre!
Alidor est perfide, ou Doraste imposteur,
Ie voy la trahison, & doute de l'autheur:
Toutefois ce papier suffit pour m'en instruire,
Ie le pris d'Alidor, mais ie le pris sans lire,
Et puisqu'à m'enleuer son bras se refusoit
Il ne pretendoit rien au larcin qu'il faisoit.
Le traistre! i'estois donc destinee à Cleandre!
Helas! mais qu'à propos le ciel la fait me sprendre!

Et ne consentant point à ses lasches desseins
Met au lieu d'Angelique vne autre entre ses mains.

DORASTE.

Que parles-tu d'vne autre en ta place rauie?

ANGELIQVE.

I'en ignore le nom, mais elle m'a suiuie,
Et quelle qu'elle soit...

DORASTE.

Il suffit, n'en dy plus,
Apres ce que i'ay veu i'en sçay trop là dessus,
Autre n'est que Philis entre leurs mains tombee,
Apres toy de la salle elle s'est desrobee,
I'arreste vne maistresse, & ie perds vne sœur,
Mais allons promptement apres le rauisseur.

SCENE

SCENE HVICTIESME.

ANGELIQVE.

DVre condition de mon malheur extreme,
Si i'aime on me trahit, ie trahis ſi l'on m'aime.
Qu'accuſeray-ie icy d'Alidor, ou de moy?
Nous manquons l'vn & l'autre eſgalement de foy,
Si i'oſe l'appeller laſche, traiſtre, pariure,
Ma rougeur außitoſt prendra part à l'iniure,
Et les meſmes couleurs qui peindront ſes forfaits,
Des miens en meſme temps exprimeront les traits.
Mais quel aueuglement nos deux crimes eſgale
Puiſque c'eſt pour luy ſeul que ie ſuis deſloyalle?
L'amour m'a fait trahir (qui n'en trahiroit pas?)
Et la trahiſon ſeule a pour luy des appas,
Son crime eſt ſans excuſe, & le mien pardonnable,
Il eſt deux fois, que diſie? il eſt le ſeul coupable,
Il m'a preſcrit la loy, ie n'ay fait qu'obeir,
Il me trahit luy-meſme, & me force à trahir.

Deplorable Angelique, en malheurs ſans ſeconde,
Que peux tu deſormais, que peux tu faire au mõde
Si ton amour fidelle, & ton peu de beauté
N'ont peu te garantir d'vne deſloyauté?
Doraſte tient ta foy, mais ſi ta perfidie
A iuſque à te quitter ſon ame refroidie,
Suy, ſuy doreſnauant de plus ſaines raiſons,
Et ne t'expoſe plus à tant de trahiſons,
Et tant qu'on ait peu voir la fin de ce meſconte,
Va cacher dans ta chambre, & tes pleurs & ta honte

FIN DV QVATRIESME ACTE.

ACTE V.

SCENE PREMIERE.

CLEANDRE, PHILIS.

CLEANDRE.

Ccordez moy ma grace auant qu'entrer chez vous.

PHILIS.

Vous voulez donc en fin d'vn bien commun à tous?
Craignez vous qu'à vos feux ma flame ne responde?
Et vous puisse haïr si i'aime tout le monde?

CLEANDRE.

Vostre bel esprit raille, & pour moy seul cruel
Du rang de vos amants separe vn criminel:
Toutefois mon amour n'est pas moins legitime,
Et mō erreur du moins me rend vers vous sans crime.

Soyez, quoy qu'il en ſoit, d'vn naturel plus doux,
L'amour a pris le ſoin de me punir pour vous,
Les traits que cette nuit il trempoit dans vos larmes
Ont triomphé d'vn cœur inuincible à vos charmes.

PHILIS.

Puiſque vous ne m'aimez que par punition,
Vous m'obligez fort peu de cette affection.

CLEANDRE.

Apres voſtre beauté ſans raiſon negligée
Il me punit bien moins qu'il ne vous a vangée.
Auez-vous iamais veu deſſein plus renuerſé?
Quand i'ay la force en main, ie me trouue forcé,
Ie croy prendre vne fille, & ſuis pris par vn autre,
I'ay tout pouuoir ſur vous & me remets au voſtre,
Angelique me perd quand ie croy l'acquerir,
Ie gaigne vn nouueau mal quand ie penſe guerir,
Dans vn enleuement ie hay la violence,
Ie ſuis reſpectueux apres cette inſolence,
Ie commets vn forfait & n'en ſçaurois vſer,
Ie ne ſuis criminel que pour m'en accuſer,
Ie m'expoſe à ma peine, & negligeant ma fuite
Ie m'offre à des perils que tout le monde euite,

Ce que i'ay peu rauir ie le viens demander,
Et pour vous deuoir tout ie veux tout hazarder.

PHILIS.

Vous ne me deurez rien, du moins si i'en suis creüe.

CLEANDRE.

Mais apres le danger où vous vous estes veüe
Malgré tous vos mespris les soins de vostre honneur
Vous doiuent desormais resoudre à mon bon heur.
La moitié d'vne nuit passee en ma puissance
A d'estranges soupçons porte la mesdisance.
Cela sceu, presumez comme on pourra causer.

PHILIS.

Pour estouffer ce bruit il vous faut espouser,
Non pas? mais au contraire apres ce mariage
On presumeroit tout à mon desaduantage,
Et vous voir refusé fera mieux croire à tous
Qu'il ne s'est rien passé qu'à propos entre nous.
Toutefois, apres tout, mon humeur est si bonne
Que ie ne puis iamais desesperer personne,
Sçachez que mes desirs tousiours indifferents
Iront sans resistance au gré de mes parens,
Leur choix sera le mien, c'est vous parler sans feinte.

CLEANDRE.

Ie voy de leur costé mesmes suiets de crainte,
Si vous me refusez, m'escouteroient ils mieux?

PHILIS.

Le monde vous croit riche, & mes parẽs sont vieux.

CLEANDRE.

Puisie sur cet espoir...

PHILIS.

Il vous faudroit tout dire.

SCENE SECONDE.

ALIDOR, CLEANDRE, PHILIS.

ALIDOR.

CLeandre a-t'il en fin ce que son cœur desire?

Et ses amours changez par vn heureux hazard
De celuy de Philis ont-il pris quelque part?

CLEANDRE.

Cette nuit tu l'as veüe en vn mespris extreme,
Et maintenant, amy, c'est encor elle-mesme,
Son orgueil se redouble estant en liberté,
Et deuient plus hardy d'agir en seureté:
I'espere toutefois, à quelque point qu'il monte,
Qu'à la fin...

PHILIS.

Cependant que vous luy rendrez conte,
Ie vay voir mes parens que ce coup de malheur
A mon occasion accable de douleur.
Ie n'ay tardé que trop à les tirer de peine.

Elle r'entre, & Cleandre la voulant suiure, Alidor l'arreste.

ALIDOR.

Est-ce donc tout de bon qu'elle t'est inhumaine?

CLEANDRE.

Il la faut suiure, Adieu. Ie te puis asseurer
Que ie n'ay pas suiet de me desesperer,
Va voir ton Angelique, & la conte pour tienne
Pourueu que son humeur soit pareille à la sienne.

ALIDOR.

Tu me la rends en fin?

CLEANDRE.

Doraste tient sa foy,
Tu possedes son cœur, qu'auroit-elle pour moy?
Quelques charmans appas qui soient sur son visage
Ie n'y sçaurois auoir qu'vn fort mauuais partage,
Peut-estre elle croiroit quil luy seroit permis
De ne me rien garder ne m'ayant rien promis,
Je m'exposerois trop à des maux sans remede.
Mais derechef Adieu.

SCENE TROISIESME.

ALIDOR.

Qu'ainsi tout me succede!
Comme si ses desirs se regloient sur mes vœux,
Il accepte Angelique, & la rend quand ie veux,

Quand

*Quand ie tasche à la perdre il meurt de m'en def-
faire,
Quand ie l'aime, elle cesse aussi tost de luy plaire,
Mon cœur prest à guerir, le sien se trouue atteint,
Et mon feu r'allumé, le sien se trouue esteint.
Il aime quand ie quitte, il quitte alors que i'aime,
Et sans estre riuaux nous aimons en lieu mesme.
C'en est fait, Angelique, & ie ne sçaurois plus
Rendre contre tes yeux des combats superflus,
De ton affection cette preuue derniere
Reprend sur tous mes sens vne puissance entiere.
Aueugle, cette nuit m'a redonne le iour,
Que i'eus de perfidie, & que ie vis d'amour!*
Quand ie sceus que Cleandre auoit manque sa
*proye,
Que i'en eus de regret, & que i'en ay de ioye!
Plus ie t'estois ingrat, plus tu me cherissois,
Et ton ardeur croissoit plus ie te trahissois.
Aussi i'en fus honteux, & confus dans mon ame,
La honte & le remords r'allumerent ma flame.
Que l'amour pour nous vaincre a de chemins diuers,
Et que mal aisément on rompt de si beaux fers!
C'est en vain qu'on resiste aux traits d'vn beau vi-
sage,
En vain à son pouuoir refusant son courage.*

On veut esteindre vn feu par ses yeux allumé,
Et ne le point aimer quand on s'en voit aimé:
Sous ce dernier appas l'amour a trop de force,
Il iette dans nos cœurs vne trop douce amorce,
Et ce tyran secret de nos affections
Saisit trop puissamment nos inclinations.
Aussi ma liberté n'a plus rien qui me flatte,
Le grand soin que i'en eus partoit d'vne ame ingratte,
Et mes desseins d'accord auecques mes desirs
A seruir Angelique, ont mis tous mes plaisirs.
Ie ne m'obstine plus à meriter sa haine,
Ie me sens trop heureux d'vne si belle chaisne,
Ce sont traits d'esprit fort que d'en vouloir sortir,
Et c'est où ma raison ne peut plus consentir.
Mais helas! ma raison est-elle assez hardie
Pour me dire qu'on m'aime apres ma perfidie?
Quelque secret instinct à mon bon heur fatal
Porte-t'il point ma belle à me vouloir du mal?
Que de mes trahisons elle seroit vangée
Si comme mon humeur la sienne estoit changée!
Mais qui la changeroit, puis qu'elle ignore encor
Tous les lasches complots du rebelle Alidor?
Que disie? miserable! ah! c'est trop me mesprendre,
Elle en a trop appris du billet de Cleandre,

Son nom au lieu du mien en ce papier soubscrit
Ne luy monstre que trop le fonds de mon esprit.
Sur ma foy toutefois elle le prist sans lire,
Et si le Ciel vangeur comme moy ne conspire,
Elle s'y fie assez pour n'en auoir rien leu.
Entrons à tous hazards d'vn esprit resolu,
Desrobons à ses yeux le tesmoing de mon crime:
Que si pour l'auoir leu sa colere s'anime,
Et qu'elle veille vser d'vne iuste rigueur,
Nous sçauons les chemins de regaigner son cœur.

SCENE QVATRIESME.

DORASTE, LYCANTE.

DORASTE.

NE sollicite plus mon ame refroidie,
Ie mesprise Angelique apres sa perfidie,
Mon cœur s'est reuolté contre ses lasches traits,
Et qui n'a point de foy, n'a point pour moy d'attraits.

Veux-tu qu'on me trahisse, & que mon amour dure?
J'ay souffert sa rigueur, mais ie hay son pariure,
Et tiens sa trahison indigne à l'aduenir
D'occuper aucun lieu dedans mon souuenir.
Qu'Alidor la possede, il est traistre comme elle,
Iamais pour ce suiet nous n'aurons de querelle,
I'aurois peu de raison de luy vouloir du mal
Pour m'auoir deliuré d'vn esprit desloyal,
Ma colere l'espargne, & n'en veut qu'à Cleandre,
Il verra que son pire estoit de se mesprendre,
Et si ie puis iamais trouuer ce rauisseur
Il me rendra soudain & la vie & ma sœur.

LYCANTE.

Escoutez vn peu moins vostre ame genereuse,
Que feriez vous par là qu'vne sœur mal heureuse?
Les soings de son honneur que vous deuez auoir
Pour d'autres interests vous doiuent esmouuoir.
Apres que par hazard Cleandre l'a rauie,
Elle perdroit l'honneur, s'il en perdoit la vie,
On la croiroit son reste, & pour la posseder
Peu d'amants sur ce bruit se voudroient hazarder:
Faites mieux, vostre sœur à peine peut pretendre
Vne fortune esgale à celle de Cleandre.

Que l'excez de ses biens vous le rendent chery,
Et de son rauisseur faites-en son mary,
Encor que son dessein ne fust pour sa personne,
Faites-luy retenir ce qu'vn hazard luy donne,
Ie croy que cet hymen pour satisfaction
Plaira mieux à Philis que sa punition.

DORASTE.

Nous consultons en vain, ma poursuite estant vaine.

LYCANTE.

Nous le rencontrerons, n'en soyez point en peine,
Où que soit sa retraite, il n'est pas tousiours nuit,
Et ce qu'vn iour nous cache vn autre le produit.
Mais Dieux! voila Philis qu'il a desia rendüe.

SCENE CINQVIESME.

PHILIS, DORASTE, LYCANTE.

DORASTE.

Ma sœur, ie te retiens apres t'auoir perdüe!
Et de grace, quel lieu recelle le voleur
Qui pour s'estre mespris a causé ton malheur?
Que son trespas..,

PHILIS.

Tout beau, peut estre ta colere
Au lieu de ton riual attaque ton beau frere,
En vn mot tu sçauras qu'en cet enleuement
Mes larmes m'ont acquis Cleandre pour amant.
Son cœur m'est demeuré pour peine de son crime,
Et veut faire d'vn rapt vn amour legitime,
Il fait tous ses efforts pour gaigner mes parens,
Et s'il les peut flechir, quant à moy ie me rends.

Non pas, à dire vray, que son obiet me tente,
Mais mon pere content ie suis assez contente.
Tandis par la fenestre ayant veu ton retour
Ie t'ay voulu sur l'heure apprendre cet amour,
Pour te tirer de peine, & rompre ta colere.

DORASTE.

Crois-tu que cet Hymen puisse me satisfaire?

PHILIS.

Si tu n'es ennemy de mes contentemens
Ne prens mes interests que dans mes sentimens,
Ne fay point le mauuais si ie ne suis mauuaise.
Et quoy, ce qui me plaist faut-il qu'il te desplaise?
En cette occasion si tu me veux du bien
Regle (plus moderé) ton esprit sur le mien.
Ie respecte mon pere, & le tiens assez sage
Pour ne resoudre rien à mon desaduantage:
Si Cleandre le gaigne, & m'en peut obtenir,
Ie croy de mon deuoir...

LYCANTE.

Ie l'apperçoy venir.
Resoluez-vous, Monsieur, à ce qu'elle desire.

SCENE SIXIESME.

DORASTE, CLEANDRE, PHILIS, LYCANTE.

CLEANDRE.

SI tu n'es, mon ſoucy, d'humeur à te deſdire,
Tout me rit deſormais, i'ay leur conſentement.
Mais excuſez, Monſieur, le tranſport d'vn amant,
Et ſouffrez qu'vn riual confus de ſon offence
Pour en perdre le nom entre en voſtre alliance;
Ne me refuſez point vn oubly du paſſé,
Et ſon reſſouuenir à iamais effacé,
Banniſſant toute aigreur receuez vn beau frere
Que voſtre ſœur accepte apres l'adueu d'vn pere.

DORASTE.

Quand i'aurois ſur ce point des aduis differents
Ie ne puis contredire au choix de mes parents,

Mais

Mais outre leur pouuoir vostre ame genereuse,
Et ce franc procedé qui rend ma sœur heureuse
Vous acquierent les biens qu'ils vous ont accordez,
Et me font souhaiter ce que vous demandez.
Vous m'auez obligé de m'oster Angelique,
Rien de ce qui la touche à present ne me picque,
Ie n'y prens plus de part apres sa trahison,
Ie l'aimay par malheur, & la hay par raison.
Mais la voicy qui vient de son amant suiuie.

SCENE SEPTIESME.

ALIDOR, ANGELIQVE, DORASTE, &c.

ALIDOR.

Finissez vos mespris, ou m'arrachez la vie,

ANGELIQVE.

Ne m'importune plus, infidelle. Ah! ma sœur,
Comme as-tu pû si tost tromper ton rauisseur?

PHILIS à Angelique.

Il n'en a plus le nom, & son feu legitime
Authorisé des miens en efface le crime,
Le hazard me le donne, & changeant ses desseins
Il m'a mise en son cœur aussi bien qu'en ses mains.
Son erreur fut soudain de son amour suiuie,
Et ie ne l'ay rauy qu'apres qu'il m'a rauie.
Jusques là tes beautez ont possedé ses vœux,
Mais l'amour d'Alidor faisoit taire ses feux,
De peur de l'offencer te cachant son martire
Il me venoit conter ce qu'il ne t'osoit dire.
Mais la chance est tournée en cet enleuement,
Tu perds vn seruiteur, & ie gaigne vn amant.

DORASTE à Philis.

Dy luy qu'elle en perd deux, mais qu'elle s'en console,
Puisqu'auec Alidor ie luy rends sa parole.

à Angelique.

Satisfaites sans crainte à vos intentions,
Ie ne mets plus d'obstacle à vos affections,
Si vous faussez desia la parole donnée
Que ne feriez-vous point apres nostre Hymenée?

Pour moy, mal aiſément on me trompe deux fois,
Vous l'aimiez, aimez-le, ie luy cede mes droits.

ALIDOR.

Puiſque vous me pouuez accepter ſans pariure,
Mon ame, ſe peut-il que voſtre rigueur dure?
Suiſie plus Alidor? vos feux ſont-ils eſteints?
Et quand mon amour croiſt produit-il vos deſdains?
Voulez-vous....

ANGELIQVE.

Deſloyal, ceſſe de me pourſuiure,
Si ie t'aime iamais ie veux ceſſer de viure.
Quel eſpoir mal conceu te r'approche de moy?
Auroiſie de l'amour pour qui n'a point de foy?

DORASTE.

Quoy? le banniſſez-vous parce qu'il vous reſſemble?
Cette vnion d'humeurs vous doit vnir enſemble:
Pour ce manque de foy eſt trop le reietter,
Il ne l'a pratiqué que pour vous imiter.

ANGELIQVE.

Ceſſez de reprocher à mon ame troublée
La faute où la porta ſon ardeur aueuglée,

Vous ſeul auez ma foy, vous ſeul à l'aduenir
Pouuez à voſtre gré me la faire tenir.
Si toutefois apres ce que i'ay peu commettre
Vous me pouuez haïr iuſqu'à me la remettre,
Vn Cloiſtre deſormais bornera mes deſſeins,
C'eſt là que ie prendray des mouuements plus ſaints.
C'eſt là que loing du monde & de ſa vaine pompe
Ie n'auray qui tromper, non plus que qui me trompe.

ALIDOR.

Mon ſoucy.

ANGELIQVE.

Tes ſoucis doiuent tourner ailleurs.

PHILIS. à Angelique.

De grace prends pour luy des ſentiments meilleurs.

DORASTE. à Philis.

Nous leur nuiſons, ma ſœur, hors de noſtre preſence
Elle ſe porteroit à plus de complaiſance,
L'amour ſeul aſſez fort pour la perſuader
Ne veut point d'autre tiers à les r'accommoder.

CLEANDRE. à Doraſte.

Mon amour ennuyé des yeux de tant de monde
Adore la raiſon où voſtre aduis ſe fonde.

Adieu belle Angelique, Adieu, c'est iustement
Que vostre rauisseur vous cede à vostre amant.

DORASTE. à Angelique.

Ie vous eus par despit, luy seul il vous merite,
Ne luy refusez point ma part que ie luy quitte.

PHILIS.

Si tu t'aimes, ma sœur, fais en autant que moy,
Et laisse à tes parens à disposer de toy.
Ce sont des iugements imparfaits que les nostres.
Le Cloistre a ses douceurs, mais le monde en a d'autres,
Qui pour auoir vn peu moins de solidité
N'accommodent que mieux nostre fragilité.
Ie croy qu'vn bon dessein dans le Cloistre te porte,
Mais vn despit d'amour n'en est pas bien la porte,
Et l'on court grand hazard d'vn cuisant repentir
De se voir en prison sans espoir d'en sortir.

CLEANDRE à Philis.

N'acheuerez-vous point?

PHILIS.

I'ay fait, & vous vay suiure.

Adieu, par mon exemple apprends comme il faut viure,
Et pren pour Alidor vn naturel plus doux.

Cleandre, Dorafte, Philis, & Lycante r'entrent.

ANGELIQVE.

Rien ne rompra le coup à quoy ie me resous.
Ie me veux exempter de ce honteux commerce
Où la desloyauté si pleinement s'exerce.
Vn Cloistre est desormais l'obiet de mes desirs,
L'ame ne gouste point ailleurs de vrais plaisirs.
Ma foy qu'auoit Doraste engageoit ma franchise,
Et ie ne voy plus rien puis qu'il me l'a remise
Qui me retienne au monde, ou m'arreste en ce lieu.
Cherche vn autre à trahir, & pour iamais, Adieu.

SCENE

ALIDOR.

STANCES en forme d'Epilogue.

QVe par cette retraite elle me fauorise!
Alors que mes desseins cedent à mes amours,
Et qu'ils ne sçauroient plus defendre ma franchise,
Sa haine, & ses refus viennent à leur secours.

I'auois beau la trahir, vne ſecrette amorce
R'allumoit dans mon cœur l'amour par la pitié,
Mes feux en receuoient vne nouuelle force,
Et touſiours leur ardeur en croiſſoit de moitié.
Ce que cherchoit par là mon ame peu ruſée,
De contraires moyens me l'ont fait obtenir:
Ie ſuis libre à preſent qu'elle eſt deſabuſée,
Et ie ne l'abuſois que pour le deuenir.
Impuiſſant ennemy de mon indifference,
Ie braue, vain amour, ton debile pouuoir,
Ta force ne venoit que de mon eſperance,
Et c'eſt ce qu'auiourd'huy m'oſte ſon deſeſpoir.
Ie ceſſe d'eſperer, & commence de viure,
Ie vis d'oreſnauant puis que ie vis à moy,
Et quelques doux aſſauts qu'vn autre obiet me liure,
C'eſt de moy ſeulement que ie prendray la loy.
Beautez, ne penſez point à reſueiller ma flame,
Vos regards ne ſçauroient aſſeruir ma raiſon,
Et ce ſera beaucoup emporté ſur mon ame
S'ils me font curieux d'apprendre voſtre nom.
Nous feindrons toutefois pour nous donner carriere,
Et pour mieux deſguiſer nous en prendrons vn peu,
Mais nous ſçaurons touſiours rebrouſſer en arriere,
Et quand il nous plaira nous retirer du ieu.

Cependant Angelique enfermant dans vn Cloiſtre
Ses yeux dont nous craignions la fatale clarté,
Les murs qui garderont ces tyrans de paroiſtre
Seruiront de remparts à noſtre liberté.

Ie ſuis hors du peril qu'apres ſon mariage
Le bon heur d'vn ialoux augmente mon ennuy,
Et ne ſeray iamais ſuiet à cette rage
Qui naiſt de voir ſon bien entre les mains d'autruy.

Rauy qu'aucun n'en ait ce que i'ay peu pretendre
Puis qu'elle dit au monde vn eternel Adieu,
Comme ie la donnois ſans regret à Cleandre,
Ie verray ſans regret qu'elle ſe donne à Dieu.

FIN.

www.ingramcontent.com/pod-product-compliance
Lightning Source LLC
Chambersburg PA
CBHW060606100426
42744CB00008B/1333

* 9 7 8 2 0 1 2 1 5 9 9 0 7 *